만남, 그 고귀한 동행

필로는 사랑 주는 책, 사랑받는 책을 만듭니다.

만남, 그 고귀한 동행

초판 1쇄 발행 2025년 9월 5일

지은이 배창돈
펴낸이 고경원
펴낸곳 필 로   **디자인** 필로디자인

등 록 제2013-000233호(2013년 12월 6일)
주 소 서울시 양천구 목동동로 437, 1103
전 화 (02)3489-4300   **팩스** (02)3489-4329
E-mail suvackoh@naver.com

Printed in Korea.
ISBN 979-11-88480-18-0   03230

※ 책값은 뒤표지에 있습니다. 잘못된 책은 구입하신 곳에서 교환해 드립니다.

만남, 그 고귀한 동행

아름다운 만남을 통해 그분과의 행복한 동행이 시작됩니다

배창돈 지음

PHILO

머리말

인생은 만남에 따라 결과가 달라진다. 물건 교환하듯이 바꿀 수 없는 것이 인생이다. 그래서 바른 선택을 해야 한다. 연약한 인생이기에 만남이 중요한 것이다.

좋은 만남은 기쁜 일이다. 그런데 가장 기쁜 만남이 있다. 바로 하나님과의 만남이다. 하나님을 만나 하나님과 교제하며 살아가는 것이다. 이 땅의 생명체 중에 하나님과 교제하며 살 수 있는 유일한 존재가 바로 사람이다. 강하게 보이지만 실제로는 매우 약한 존재인 사람이 하나님을 만나면 사람들이 그렇게 원하는 행복을 누리며 살 수 있다.

하나님을 만난 사람들은 하나님과 좋은 관계를 유지하기 위해 노력한다. 실패와 절망 가운데 추락하던 삶이 하나님의 도우심으로 소망을 가지고 살게 된다.

인생이 대단하다고 우기는 것이 이 세상의 철학이라면, 인생이 지극히 작고 하나님이 크고 위대하신 분이라는 사실이 진리이다. 연약한 인생이 크신 하나님께 손을 내밀면 하나님께서는 반드시 그 손을 잡아 주신다.

MEETING, A NOBLE COMPANIONSHIP

    이 책을 정독한다면 당신은 이 세상에서 가장 아름다운 만남인 하나님을 만날 것이다. 그리고 하나님과 동행하는 것이 얼마나 행복한 삶인지 경험하게 될 것이다. 하나님과의 아름다운 만남을 통해 그분과 행복한 동행을 시작하기를 기도한다.

    "하나님이 없다면 결정적인 장면이 빠져버린 드라마처럼 당신의 인생은 무의미해진다."라고 한 마틴 루터 킹 목사의 말로 이 책의 문을 열고자 한다.

2025년 9월 1일 배창돈

*쉬운 성경과 새 번역 성경을 인용한 것은 이해를 돕기 위함이다.

차례

머리말　4

01　동행은 멀어도 외롭지 않다　9
항상 붙잡아 줄 사랑의 손　•　아름다운 인생 연주
행복의 조건　•　아직도 혼자인가?　•　하나님과의 대화
완전한 사랑　•　사랑의 프로포즈

02　인생은 끝없는 여행이다　23
본대로 살고 감정대로 사는 인생　•　과거를 사랑하라
어리석은 자신감　•　재물이 주는 아픔　•　소원을 이루는 길
영원한 봄　•　행복을 잡을 수 있을까?

03　영혼은 사람의 본질이다　41
사람과 짐승　•　짐승과 영혼　•　영혼의 가치

04　죄를 숨길 수는 있지만 사람의 힘으로 해결할 길은 없다　49
죄의 근원인 마음　•　하나님과의 관계를 결정하는 죄
달콤한 죄악　•　죄의 결과　•　죄의 심판에서 벗어나기 위한 노력
죄의 인식　•　고귀한 동행 이야기2

05　하나님을 만나는 것이 행복이다　63

아름다운 삶　•　부족함이 없는 삶　•　미래의 조각가

06　사랑은 영원히 살게 한다　71

측량할 수 없는 사랑　•　자연을 통해 깨닫는 사랑
모방할 수 없는 사랑　•　회복시키는 사랑　•　영원한 사랑
고귀한 동행 이야기 3

07　예수의 소원은 당신이다　83

길　•　진리　•　생명　•　빛　•　십자가　•　부활　•　자유

08　구원은 공짜 선물이다　97

구원과 사랑　•　구원과 믿음　•　구원과 행위
구원과 선물　•　석가, 공자, 예수와 구원　•　고귀한 동행 이야기 4

09　믿음은 사람의 능력이 끝나는 곳에서 시작된다　109

인생 여행의 등급　•　진실된 믿음　•　믿음과 확신
영원한 본향

10 하나님의 자녀가 된다는 것은 신비로운 일이다 119

만남의 축복 • 영원한 자녀 • 사랑의 교제
선한 자부심 • 완벽한 보호자 • 아버지 집 • 고귀한 동행 이야기 5

11 내세가 있고 영혼 불멸이 있어야 인생은 비로소 의미가 있다 135

아름다운 퇴장 • 죽음에 이른 경험 • 영원한 처소
죽음 이후의 비밀 • 영원이라는 말에 숨겨진 의미
말로서 표현할 수 없는 그곳 • 하늘나라 시민권

12 영접하는 것은 영원한 생명을 얻는 것이다 149

영접 기도 • 고귀한 동행 이야기 6

13 성장은 창조의 원리이다 159

교회 • 성경 • 기도 • 예배 • 주일 • 전도

MEETING, A NOBLE COMPANIONSHIP

01

동행은 멀어도 외롭지 않다

1

동행은 멀어도 외롭지 않다

사람들은 모든 것을 갖춘 사람을 만나서 함께 하기를 원한다. 성품이 좋은 사람, 잘 생긴 사람, 많은 재물을 가진 사람, 많은 지식을 가진 사람, 나를 지극히 사랑해 주는 사람을 만나기를 원하지만 완벽한 사람을 만나는 것은 불가능하다. 그러나 사람이 하나님을 만나서 동행하면 소원하는 바를 경험하게 된다.

"빗속을 홀로 가기보다는 차라리 어둠 속에서 하나님과 동행하겠다." (메리 가디너 브레이너드-시인)
"하나님은 스스로 도울 수 없는 자를 도우신다." (C.H. 스펄전)
"하나님과 동행하기 위해서는 하나님이 가시는 방향으로 가야 한다." (작자 미상)

좋은 만남을 싫어하는 사람은 없다. 아름다운 만남을 통해 행복한 삶을 살고 싶어 한다. 하지만 결과가 기대만큼 좋지 않아서 아쉬움과 후회만 남는 경우가 많다.

삶 속에는 많은 만남이 있다. 스치듯이 지나치는 짧은 만남도 있고 오랫동안 동행해야 할 만남도 있다. 어릴 때는 반드시 부모와 함께 해야 하고, 나이가 들면 친구와 우정을 나눈다. 그리고 때가 되면 사랑하는 연인을 만나 결혼해서 꿈꾸던 가정을 일구어 간다.

사람은 누구나 좋은 동행자를 만나고 싶어 한다. 아픈 마음을 이해해 주고, 넘어질 때 다시 세워주고, 문제가 생길 때 해결해 주며, 원하는 만큼 사랑해 줄 수 있는 자를 원한다. 그런데 완벽한 자가 없다. 동행자가 기쁨이 되어 주기도 하지만 아픔을 주기도 한다. 기대를 온전히 채워 줄 수 있는 자를 만나는 것은 불가능하다. 인간은 불완전한 존재이기 때문이다.

로마에는 많은 신화가 전해져 내려온다. 물론 사람이 꾸며낸 이야기이지만 그 내용 속에는 사람들의 바람이 담겨져 있다. 인간의 문제를 해결해 주기를 원해서 만든 가상의 신이지만, 신을 통해 소원이 이루어지길 간절히 구했다.

일본에는 800만의 신이 있다고 한다. 자연이나 자연 현상, 조상과 영웅까지 모든 것을 신이라고 생각하기 때문이다.

오래 전 일본의 어느 교회에서 설교를 하고 한 성도를 만나게 되었다. 그는 일본 와세다대학 교수였다. 어떻게 믿음을 가지게 되었는지 물었다. 그 교수는 창세기 1장 1절을 보며 일본 사람들이 믿는 수많은 신과 다르게, 태초에 하늘과 땅을 창조하신 분, 그리고 사람을 만드신 분이라면 바로 자신이 믿고 의지할 영원한 보호자가 될 수 있다는 확신이 생겨 하나님을 모시고 삶을 동행하기로 결정했다고 했다.

창세기 1장 1절은 이렇게 말씀하고 있다. "태초에 하나님이 천지를 창조하시니라"

하늘과 땅을 창조하신 분, 사람을 만드신 분과 동행하면 어떤 삶을 살게 될까?

기대 되지 않는가?

항상 붙잡아 줄 사랑의 손

어느 추운 겨울날 무디의 어린 딸이 공원으로 눈을 보러 가자고 재촉하자 무디는 사랑스런 딸과 함께 공원으로 산책을 나갔다.

"애야, 길이 너무 미끄러우니 아빠가 너를 붙잡아 주마." 그러나 딸은 고개를 흔들며 거절했다. "싫어요. 나도 걸 수 있어요. 이것 보세요. 잘 걷잖아요?" 그러나 아빠의 눈에는 금방이라도 넘어질 듯 위태로워 보였다. 싫다고 하는 딸의 의견을 존중하여 옆에서 걸어가면서도 영 마음이 놓이지 않았다. 아니나 다를까 얼마 가지 않아서 딸은 눈길 위에 엉덩방아를 찧고 말았다. "그것 보렴. 아빠가 붙잡아준다고 하지 않았니?" 딸은 그제야 "아빠가 손가락 하나만 잡아줘도 갈 수 있어요."라고 말하며 손가락 하나를 내밀었고 무디는 딸의 손가락 하나를 잡았다. 그러나 몇 발자국 가지 못하고 다시 눈길 위로 벌러덩 넘어지고 말았다. 조금 전보다 더 심하게 넘어져서 고통스러운 얼굴로 아빠에게 말했다. "아빠, 이제는 꼭 잡아주세요." 딸의 손을 꽉 붙잡은 아빠의 손은 딸이 넘어지려는 순간마다 바로 일으켜 세웠다.

자신이 스스로 설 수 있는 존재라고 착각하며 사는 사람은 넘어지기 전까지는 하나님의 손을 필요로 하지 않는다.

인간에게 꼭 필요한 하나님의 손은 우리 곁에서 우리가 손을 내밀기를 기다리고 계신다. 하나님의 손은 세상을 만드신 손이며(마 8:6), 주

야로 붙잡아주시는 사랑의 손이다(시 73:23). 항상 도움의 손길로 다가오셔서(시 119:173) 병자를 낫게 하는 치료의 손이다(마 8:3).

믿음은 하나님의 손에 붙잡히는 것이다. 하나님의 손에 붙잡히지 않고는 어떤 자유도 평안도 소유할 수 없다. 믿음은 머리로 아는 데 그치는 것이 아니라 구체적인 행위이다. 하나님의 손을 보기만 할 것이 아니라 실제적으로 손을 내밀어야 한다.

아직도 내 뜻과 내 힘으로 살아가려는 마음이 있다면, 우리를 향한 하나님의 손을 한없이 기다리게 하는 것이다. 눈을 크게 뜨고 당신 곁을 보라. 하나님은 이미 손을 내밀고 계신다.

"만일 내가 새벽의 날개 위에 오른다 해도, 내가 바다의 저 끝 쪽에 자리를 잡는다 해도, 주의 손이 거기서 나를 인도하실 것이요, 주의 오른손이 나를 굳게 잡으실 것입니다" (시 139:9-10, 쉬운).

아름다운 인생 연주

유태계 독일인으로 크리스천이었던 세계적인 음악가 멘델스존(1809-1847)이 하루는 후리드버그라는 곳의 오래 된 예배당을 방문하였다. 그 예배당에는 거대한 파이프 오르간이 설치되어 있었고, 멘델스존은 그 오르간을 연주하고 싶었다. 관리자인 늙은 노인에게 오르간을 한 번 연주해도 되겠느냐고 부탁을 하자 노인은 못마땅하게 여기며 거절했다. 멘델스존이 진지하게 한 번만 연주하게 해 달라고 다시 간청하자 노인은 마지못해 한 번 쳐보라고 했다.

멘델스존이 파이프 오르간 앞에서 연주를 시작했다. 그의 손과 발이 오르간에 닿자 자연의 아름다움을 압도하는 천상의 선율이 울려 퍼졌다. 벅찬 감동의 물결이 넘실거리는 파도처럼 큰 예배당 안을 가득 채웠다. 꿈과 같은 시간이 지나고 오르간을 연주하던 멘델스존의 손이 멈추자 음악에 취하여 멍하니 서 있던 노인이 물었다. "당신은 도대체 누구십니까?" "네, 저는 멘델스존입니다." 그러자 깜짝 놀란 노인은 이렇게 말했다. "하마터면 제가 당신 같은 위대한 음악가에게 이 오르간을 만지지도 못하게 하는 큰 실수를 할 뻔했네요."

인생은 하나님의 손에 의해 만져질 때 아름다운 인생의 연주가 시작된다. 인생을 가장 아름답게 연주할 수 있는 분은 인간을 창조하시고 인생을 주관하시는 하나님 뿐임을 믿어야 한다.

당신의 인생 연주를 하나님께 맡기기를 원한다면 하나님을 만나고자 하는 간절함이 있어야 한다.

> "그러나 네가 거기서 네 하나님 여호와를 찾게 되리니 만일 마음을 다하고 뜻을 다하여 그를 찾으면 만나리라" (신 4:29).
> "너희가 온 마음으로 나를 구하면 나를 찾을 것이요 나를 만나리라" (렘 29:13).

행복의 조건

데이비드 허버트 로렌스가 지은 〈아들과 연인〉이라는 책에는 이런 내용이 담겨 있다.

지적이며 세련된 상류 풍의 교양을 갖춘 여인 거둘루드는 광부를 남편으로 맞이했다. 그녀는 나름대로 지적인 속박에 얽매이지 않고 생명력 넘치는 남자를 선택했다고 생각했다. 그러나 환상은 오래지 않아 깨지고 부부싸움은 그칠 줄 몰랐다. 이제 그녀는 남편에 대한 모든 기대를 버리고 큰 아들 윌리엄에게 희망을 걸고 살았다. 그런데 큰 아들은 런던으로 나가 직업을 얻어서 약혼녀를 데리고 의기양양하게 고향을 찾아오지만 갑자기 폐렴에 걸려 죽고 말았다.

너무나 큰 충격을 받은 거둘루드는 이제 둘째 아들 폴에게 모든 사랑과 기대를 걸었다. 폴은 얼마 동안은 좋은 직장인 노팅엄 회사에 입사하고 전람회에 입상하여 어머니의 기대에 보답하는 것 같았다. 하지만 결혼 생활에 실패하고 방황하는 폴의 모습은 그녀를 참으로 괴롭게 만들었다. 둘째 아들 폴이 25세 되던 해에 그녀는 모든 희망을 빼앗긴 채 쓸쓸하게 죽어갔다.

행복한 삶을 기대하며 노력하지만 한순간에 다가오는 패배감과 배신감으로 절망하는 사람이 얼마나 많은가? 미래에 대해 계획하고 노력할 수는 있지만 그 결과는 예측할 수 없다.

사람들은 건강하고 돈과 명예, 사랑하는 사람과 함께 하면 행복할 것이라고 생각하며 그것들을 얻기 위해 열심히 노력한다. 그러나 그 모든 것들을 다 갖고 있으면서도 불행한 사람이 너무나 많다.

사라센제국의 압둘 라만 3세(891-962)는 세계에서 가장 큰 왕국을 49년 동안 통치한 왕이다. 그의 수입은 연간 260억 원이었으며, 아름다운 여자 3,321명을 왕후로 삼았고, 자녀가 616명이었다. 그러나 그는 숨을 거두며 "내가 진정으로 행복을 누린 날은 불과 14일에 불과했다."고 말했다고 한다.

미국의 심리학자이며 통계 여론 조사법의 창시자인 조지 갤럽이 "어떤 사람이 가장 행복한가?"를 조사했는데, 가장 행복한 사람은 생생한 하나님에 대한 체험(신앙적 체험)이 있는 사람들이었고, 가장 불행한 사람은 밤낮으로 술집을 드나드는 사람들이었다고 한다.

인생의 행복은 하나님과의 관계 속에서 얻게 된다. 하나님을 자신의 하나님으로 삼을 때 진정한 행복을 소유할 수 있다.

인간 스스로의 노력과 자신을 향한 사랑의 한계를 깨닫지 못하면 하나님을 외면하며 살게 된다. 한 가지 분명한 사실은 하나님은 당신을 완벽하게 사랑할 수 있는 유일한 분이다. 사람을 창조하셨기에 행복까지 주실 수 있는 것이다.

> "이러한 백성은 복이 있나니 여호와를 자기 하나님으로 삼는 백성은 복이 있도다" (시 144:15).
> "그가 영원토록 지극한 복을 받게 하시며 주 앞에서 기쁘고 즐겁게 하시나이다" (시 21:6).

아직도 혼자인가?

호화여객선이 갑자기 풍랑을 만났다. 승객들은 모두 두려워서 기절할 지경이었다. 그러나 선장의 어린 딸만은 아무렇지도 않다는 듯이 인형을 가지고 놀고 있었다. 사람들이 이상히 여기며 "너는 무섭지 않니?"라고 묻자 선장의 어린 딸은 이렇게 말했다. "두려울 게 없어요. 우리 아빠가 이 배를 운전하고 계시니까요."

하나님은 이 세상을 운전하고 계신다. 하나님께서 운전하고 계심을 믿는다면 어떠한 인생의 폭풍도 두려워할 이유가 없다. 사람들이 왜 두려워하고 불안해할까? 하나님을 모르거나 거부하기 때문이다. 하나님은 멀리 계신 하나님이 아니다. 단지 비나 눈을 내리시며 태양이나 해와 달을 운행하시는 정도의 하나님이 아니다.

하나님의 관심은 사람이다. 바로 당신이다. 이 세상 모든 사람을 자녀 삼기 원하신다.

아버지가 사랑하는 자녀의 고통과 근심을 보고 내버려두지 않는 것처럼 하나님도 그의 자녀 된 자의 고통을 보고만 계시지 않는다.

아직도 혼자인가?

> "나를 보내신 이가 나와 함께 하시도다 나는 항상 그가 기뻐하시는 일을 행하므로 나를 혼자 두지 아니하셨느니라" (요 8:29).
> "내가 너희를 고아와 같이 버려두지 아니하고 너희에게로 오리라" (요 14:18).

하나님과의 대화

어린아이들은 부모와 함께 시간을 가지기를 좋아한다.

미국의 유명한 외교관인 찰스 아담스는 유명한 역사가였던 부르크 아담스의 아버지이다. 그런데 부자(父子)가 같은 날 쓴 일기는 우리에게 많은 것을 생각하게 해준다. 아버지의 일기에는 이런 내용이 기록되어 있었다. "오늘은 아들과 함께 낚시를 다녀왔다. 하루를 낭비해 버리고 말았다." 아들의 일기는 이와는 정반대의 내용이었다. "오늘은 아빠와 함께 낚시를 다녀왔다. 나의 일생에 가장 기쁜 날이었다."

자녀들이 대화하기를 원해도 부모가 바빠서 대화할 수 없는 시대가 되었으니 참으로 슬픈 일이 아닐 수 없다. 대화할 상대가 없는 아이들은 게임이나 TV를 좋아할 수밖에 없다. 이렇듯 마음을 터놓고 이야기 할 수 없는 오늘날의 현실은 자녀들을 탈선의 현장으로 몰아넣는 가장 큰 요인이 된다.

하나님은 자녀 된 성도들과 대화하기를 원하신다. 언제나 기다리고 계신다. 그러나 자녀 된 우리가 시간이 없고 바쁘다는 핑계로 하나님과의 대화를 가볍게 여기는 경우가 많다. 인간은 하나님과 대화가 필요한 존재이다. 이 사실을 누구보다 잘 아시는 하나님은 이렇게 강조하고 있다.

"여호와와 그의 능력을 구할지어다 항상 그의 얼굴을 찾을지어다" (대상 16:11).
"아무 것도 염려하지 말고 다만 모든 일에 기도와 간구로 너희 구할 것을 감사함으로 하나님께 아뢰라" (빌 4:6).

하나님과 대화하기 위해서는 시간 약속을 할 필요가 없다. 언제든지 하나님께 나아갈 수 있다. 이것이 바로 하나님께서 우리를 사랑하시는 확실한 증거이다.

"쉬지 말고 기도하라" (살전 5:17).

완전한 사랑

아름다운 알프스 산기슭 레만 호숫가 마을에서 일어난 사랑 이야기이다.

귀족의 딸인 줄리는 평민 출신의 가정교사 생 프루와 열렬한 사랑에 빠졌다. 둘의 만남은 꿈처럼 이어졌고 그들은 마침내 결혼을 약속했지만 줄리의 아버지는 생 프루와의 결혼을 완강히 반대했다. 생 프루는 눈물을 머금고 파리로 떠나가고 두 사람은 계속적인 편지로 사랑을 확인하지만, 줄리는 결국 아버지의 뜻대로 귀족 청년인 보마르와 결혼을 하고 말았다. 성실한 남편 보마르는 줄리에게 최선의 사랑을 베풀었으나 줄리의 마음을 채워 줄 수는 없었다. 두 아이의 엄마가 된 줄리는 어느 날 남편 보마르에게 첫 사랑의 연인 생 프루에 대해 고백을 했다. 남편 보마르는 아이들의 가정교사로 생 프루를 초청했고, 한 집에서 함께 살게 되었다.
사랑하지만 사랑할 수 없는 두 사람은 서로의 감정을 절제했다. 생 프루가 잠시 집을 떠나가 있는 동안 물에 빠진 아이를 구하기 위해 물속으로 들어간 줄리는 며칠 후에 세상을 떠났다. 세상을 떠나기 전에 줄리는 생 프루에게 이러한 유서를 남겼다.
'죄 없이 사랑할 수 있는 나라에서 기다리겠습니다.'

프랑스의 사상가이며 소설가인 루소(1712-1778)가 쓴 소설 〈새로운 엘로이즈〉의 내용이다.

이 세상에서의 사랑은 불완전하다. 자신의 욕구를 채우기 위한 이기적이고 불완전한 사랑으로 가득 차 있기에 가슴 아파하고 미워하는 사람이 많다. 사랑하고 싶은 사람과 사랑하며, 사랑하는 사람으로부터 마음껏 사랑을 받으며 살고 싶은 것이 사람의 마음이지만 이 세상에서는 그런 사랑을 찾을 수 없다.

그러나 하나님은 우리에게 완전한 사랑을 베풀어주셨다. 아들이신 예수님을 보내주셔서 예수님이 우리의 죄를 대신 짊어지고 십자가에서 죽으셨다. 예수님의 완전한 사랑을 받고 사는 사람은 이 세상의 불완전한 사랑에 실망하지 않는다. 오히려 예수님의 값없이 베풀어 주신 사랑을 받았기에 사랑을 나누며 살게 된다.

> "사랑은 여기 있으니 우리가 하나님을 사랑한 것이 아니요 하나님이 우리를 사랑하사 우리 죄를 속하기 위하여 화목 제물로 그 아들을 보내셨음이라 사랑하는 자들아 하나님이 이같이 우리를 사랑하셨은즉 우리도 서로 사랑하는 것이 마땅하도다" (요일 4:10-11).

사랑의 프로포즈

사람들이 가장 관심 가지는 것 중에 하나가 사랑 이야기이다. 사랑 이야기를 듣고 있노라면 나이에 상관없이 어린아이처럼 진지해지고 호기심으로 눈빛을 반짝인다.

사랑에 빠진 사람은 열병을 앓는다. 사랑에 빠진 사람은 정확한 판단력을 잃어버린다. 스페인의 소설가 세르반테스는 "연애하는 남녀는 이상한 안경을 끼기 마련이다. 구리를 황금으로, 가난함을 풍족함으로 본다. 그러기에 상대방의 눈에 난 다래끼조차 진주알로 보게 된다."
라고 했다.

사람들은 언제나 연애하는 감정으로 살고 싶어 한다. 그러나 연애하는 감정은 오래가지 않는다. 이는 아름다움만을 추구하기 때문이다. 아름다움만을 추구하는 사랑은 생명이 짧을 수밖에 없다.

결혼 후 3년 안에 이혼하는 사람들이 많다고 한다. 그것은 환상이 깨지기 때문이다. 연애할 때는 철저히 지키던 예의가 결혼 후까지 지켜지지 않는다. 오히려 상대에게 과도한 요구를 한다. 자기보다 완벽하고 좋은 배우자를 원한다. 세상의 사랑은 이기적이며, 그 초점이 자신에게 맞추어져 있다.

진정한 사랑은 상대방의 결점을 용서하고 이해해 준다. 하나님은 불완전한 인간을 이해하고 용납하신다. 불완전과 약점을 개의치 않으시고 받아 주신다. 하나님과 사랑을 시작하면 그 크고 놀라운 사랑에 감격하게 된다.

하나님은 사람들이 생각하는 것처럼 높은 수준을 요구하시지 않는다. 좋은 조건과 완벽함을 요구하시지도 않는다. 단지 하나님의 프로포즈를 받아들이기만 하면 된다. 프로포즈를 받아들이는 순간부터 이 세상을 창조하신 하나님과의 고귀한 동행이 시작될 것이다.

"너희 모든 목마른 자들아 물로 나아오라 돈 없는 자도 오라 너희는 와서 사 먹되 돈 없이, 값 없이 와서 포도주와 젖을 사라"(사 55:1).

"내가 주는 물을 마시는 자는 영원히 목마르지 아니하리니 내가 주는 물은 그 속에서 영생하도록 솟아나는 샘물이 되리라"(요 4:14).

"좋은 것으로 네 소원을 만족하게 하사 네 청춘을 독수리 같이 새롭게 하시는도다"(시 103:5).

"내가 항상 주와 함께 하니 주께서 내 오른손을 붙드셨나이다"(시 73:23).

"두려워하지 말라 내가 너와 함께 함이라 놀라지 말라 나는 네 하나님이 됨이라 내가 너를 굳세게 하리라 참으로 너를 도와주리라 참으로 나의 의로운 오른손으로 너를 붙들리라"(사 41:10).

"나의 계명을 지키는 자라야 나를 사랑하는 자니 나를 사랑하는 자는 내 아버지께 사랑을 받을 것이요 나도 그를 사랑하여 그에게 나를 나타내리라"(요 14:21).

02

인생은 끝없는 여행이다

2

인생은 끝없는 여행이다

인생이 무엇인가? 너무나 어마어마한 주제이다.

그러나 인생이 무엇인지 모르고 살거나 무관심하다면 이는 참으로 어리석은 일이다. 인생에 대해 분명히 알고 있어야 한다. 짧은 인생 속에 영원이 감추어져 있기 때문이.

"인생은 짧은 하루이다. 그러나 인생은 일하는 날이다." (리빙스턴)
"인생을 재는 법은 그 길이에 있지 않고 그 사람에게 있다." (존 부로우즈)
"인생은 비참한 자에게는 길고 행복한 자에게는 짧다." (시러스)

이 세상을 살아가는 우리에게 확실한 것 세 가지가 있다. 이 세상에 살고 있다는 것, 생명이 하나 뿐이라는 것, 반드시 죽는다는 것이다. 두 번 주어지지 않는 인생을 어떻게 멋있게 살아갈까? 나름대로 더 나은 삶을 위해 노력한다. 골프공을 처음 만들었을 때는 매끈한 공이었다. 그러다가 꺼칠꺼칠한 공이 더 멀리 날아갈 수 있다는 사실을 알고 공의 표면을 약간 패이게 만들었다. 사람들은 부지런히 더 나은 자기 인생의 그림을 그린다. 그러나 생각대로 되지 않는 것이 삶이다.

이스라엘의 2대 왕 다윗은 파란만장한 삶을 살았다. 이새의 막내아들로 사울에 이어 두 번째 이스라엘 왕이 되었다. 성경은 다윗에 대해서 예수님을 제외하고 어떤 인물보다 많이 기록하고 있다. 구약성경에 약 600번, 신약에는 60번 정도 기록되어 있다.

다윗은 어릴 때 사울 왕을 위해 수금 연주자로 왕궁에 들어갔다. 블레셋 장수 골리앗을 패배시킨 후 군 지휘관이 되었고. 사울의 딸 가운데 하나인 미갈과 결혼하지만 사울의 시기를 받아 도피생활을 통해 많은 어려움을 겪었다. 사울이 죽은 후 유다지파에 의해 왕으로 추대되지만 북쪽지파들은 사울의 아들을 왕으로 삼았다.

이후 7년이 지나 지파의 왕이 된다. 왕이 된 후 다윗은 예루살렘을 수도로 삼고 여러 전쟁을 통해 국경을 크게 확장하며 태평성대를 누리는 것 같았지만 자녀들간의 강간과 살인 사건은 다윗에게 엄청난 고통과 아픔을 주었다. 압살롬의 반란으로 예루살렘을 버리고 맨발로 도망을 쳐야 했다.

이처럼 다윗은 사람들과의 관계에서 많은 갈등과 아픔을 겪었다. 장인으로부터, 사랑하는 자녀들로부터, 충성스러웠던 신하들로부터 배신의 아픔을 맛보기도 했다. 다윗은 목자로, 군인으로, 망명객으로, 왕으로, 시인으로 살았지만 그의 삶은 험난했다. 그는 많은 것을 누리고 소유했지만 인생이 얼마나 나약한 존재인지 알았다.

다윗은 자신을 양으로 표현했다. 양은 성경에 가장 많이 등장한다. 무려 500회 이상 언급되고 있다. 양은 혼자서는 함정에 빠지기 쉽고 장애물을 극복하기 어렵다. 멀리 볼 수도 없고 방향 감각도 없기에 스스로 자신을 보호할 아무런 힘이 없다. 사람도 이와 같다.

인생이 양 같은 존재임을 깨달으면 소망이 있다. 양에게 가장 필요한 존재인 목자를 찾기 때문이다. 양과 같은 인생의 목자는 바로 하나님이시다. 다윗은 자신의 목자 되신 하나님을 이렇게 노래했다.

"여호와는 나의 목자시니 내게 부족함이 없으리로다 그가 나를 푸른 풀밭에 누이시며 쉴 만한 물가로 인도하시는도다 내 영혼을 소생시키시고 자기 이름을 위하여 의의 길로 인도하시는도다. 내가 사망의 음침한 골짜기로 다닐지라도 해를 두려워하지 않을 것은 주께서 나와 함께 하심이라 주의 지팡이와 막대기가 나를 안위하시나이다" (시 23:1-4).

자신이 양과 같은 존재임을 모르고 살았던 한 자매에 대한 이야기이다.

그 자매는 지금 이 세상에 없다. 그녀는 짧은 세월을 살다가 아쉬움을 남기고 세상을 떠났다. 어릴 때는 꿈 많고 귀여움을 독차지한 사랑스런 딸이었다. 공부도 잘 해서 주위 사람들의 칭찬을 독차지했고 명문여고를 졸업했다. 자매의 미래는 탄탄대로처럼 보였다. 이후 마음에 드는 남자를 만나 결혼을 하고 아들 둘을 낳고 시집에서도 사랑 받는 며느리가 되었다.
행복한 시간들을 보내고 있던 어느 여름, 해수욕장에 간 두 아들이 모두 익사하고 말았다. 하늘이 무너지는 것 같은 충격에 자매는 그만 정신이상자가 되어 정신병원을 드나들게 되었다. 시간이 지나도 회복의 기미가 없자 시집에서 내침을 당하고 남편과도 헤어지게 되었다. 마음의 괴로움을 이기기 위해 매일 밤 술을 마신 결과 하루도 술 없이 못사는 알코올 중독자가 되고 말았다. 그러다가 고물 사업을 하는 남자를 만나 함께 살게 되었는데 이 남자 역시 알코올 중독자였다. 매일 술로 사는 이 집은 술 냄새가 진동했고, 술에 취해 길에서 잠을 자는 것이 다

반사였다. 몸은 날로 수척해져갔다. 시커먼 얼굴에 **빼빼** 마른 모습이었다. 결국 어느 겨울날 술에 취해 길에서 잠을 자다가 동사하고 말았다. 행려자로 분류되어 시에서 시신을 수습하여 화장을 했다.

사람들은 행복을 잡기 위해 무던히 노력한다. 그러나 행복은 노력만으로 되는 것이 아니다. 하나님을 만나야만 가능하다. 하나님과의 교제 속에서 일어나는 일은 사람의 머리로 이해할 수 없는 감동적인 사랑의 이야기로 가득하다.

하나님을 만나고 경험했던 다윗왕은 이런 고백을 했다.

"네 길을 여호와께 맡기라 그를 의지하면 그가 이루시고 네 의를 빛 같이 나타내시며 네 공의를 정오의 빛같이 하시리로다" (시 37:5-6).

본대로 살고 감정대로 사는 인생

이상적인 결혼을 꿈꾸던 한 여자가 자신이 평소 생각한 이상형의 남자와 결혼을 했다. 결혼 후 성심껏 음식을 만들었지만 한 번도 남편의 칭찬을 받지 못했다. "우리 어머니 솜씨 반만 해도 좋겠어!"라는 말에 시어머니로부터 열심히 배워서 정성껏 밥상을 차려도 남편의 반응은 여전히 무반응이거나 지적당하기 십상이었다. 하루는 시어머니가 요리해준 음식으로 밥상을 차리고는 은근히 칭찬을 기대했다. 그러나 남편의 반응은 예전과 같았다. "맛이 왜이래?" 이 말에 아내가 "어머니가 해 주신 음식이에요" 라고 말하자 남편은 "그래?" 하며 멋쩍은 듯이 "그래 뭔가 다른 것 같기도 했어!" 라며 밥을 먹더라는 것이다. 남편은 지금껏 한 번도 아버지가 어머니에게 칭찬과 격려의 말을 하는 것을 듣지 못하고 자란 것이다. 가정이 무엇인지 바르게 배우지 못하고 어머니에 대한 배려가 없는 아버지를 보고 자란 남편은 아버지의 모습이 자신도 모르게 몸에 배어 있었던 것이다.

대부분의 사람은 가정에 대해 무지한 상태에서 결혼한다. 단지 자라면서 본 부모의 모습에 익숙해져 있을 뿐이다. 그래서 아픔과 시행착오를 겪는다. 사람이 세상을 살면서 당하는 문제는 너무나 많다. 본대로 살고 감정대로 살기 때문이다.

과거를 사랑하라

요란한 삶을 산 한 사람이 있다. 16세에 사관학교 졸업, 24세에 소장으로 진급, 26세에 이탈리아 원정군 사령관, 33세에 종신 통령에 취임, 35세에 프랑스 황제, 이후 이태리 독일 오스트리아를 비롯하여 전 유럽을 정복, 1812년 러시아에서 부하 50만 명을 잃고 50세의 한창 나이에 세인트루이스로 귀향, 10년 후 세상을 떠났다.

바로 "내 사전에 불가능이 없다."고 큰 소리를 친 나폴레옹이다. 그는 로마 교황 비우스7세가 씌워 주려던 관을 빼앗아 자신이 직접 썼다. 이태리 점령 때에는 자신에게 주례를 해준 교황을 파면하고 새로운 교황을 앉힐 정도로 권력을 휘둘렀다. 그러나 그는 유배 생활 중에 "내 등잔에는 기름이 없다."고 자주 말하며 외롭고 쓸쓸한 죽음을 맞이하였다.

자신의 힘을 의지한 사람의 말년은 비참하고 허무하다. 사람들이 말하는 성공 그 자체로 지나간 삶을 사랑할 수는 없다. 성공한 것 같으나 실패한 자가 더 많기 때문이다. 그래서 후회하지 않고 지나간 삶을 사랑할 수 있다면 성공적인 삶을 살았다고 할 수 있을 것이다.

러시아의 대문호 도스토예프스키가 이런 고백을 했다.

"옛 슬픔이 점차 조용하고 부드러운 기쁨으로 변한다는 것은 인생의 커다란 신비다. 노년의 온화한 평온이 청년의 끓는 피를 대신한다. 나는 매일 아침 떠오르는 태양을 찬미한다. 옛날처럼 나는 노래로 아침 해를 맞이한다. 그러나 지금은 일몰을 더욱 사랑한다. 지는 해의 길게 드리운 빛, 부드럽고 다정한 추억들을 사랑한다. 그것과 더불어 길고 행복했던 인생의 값진 영상들, 특히 위로해 주고 화해시켜 주시는 하나님의 진리를 생각하게 된다. 지금 내 인생은 끝나고 있으며, 나도 이 사실을 잘 알고 있다. 그러나 내게 남은 하루하루를 살면서 나의 이 세상의 생이 새롭게 다가오는 미지의 세계와 접촉하고 있음을 느낀다. 이 새로운 세계의 다가옴이 내 영혼을 평안케 해주며, 내 마음을 흥분시키며, 내 가슴을 기쁨으로 눈물짓게 한다."

이 세상에서의 삶은 세를 얻어 사는 것과 같다. 어느 날 집 주인이 전세 기간이 끝났음을 알려 줄 것이다.

지나간 삶을 사랑할 수 있다면 다가오는 세계를 부끄러움 없이 맞이할 수 있을 것이다.

어리석은 자신감.

네 사람이 여행을 하고 있었다. 세 사람은 많이 배운 사람으로 풍부한 지식을 보유하고 있었고, 나머지 한 사람은 평범한 사람이었다. 잘나고 똑똑한 사람들 가운데 끼인 평범한 사람은 그들로부터 천대와 멸시를 당하며 동행하고 있었다. 그들이 숲속에 도달했을 때에, 그들 앞에 죽은 사자가 길에 누운 채 나타났다.

지금껏 자기들의 지식과 기술을 자랑하던 사나이들은 각자의 지식과 기술을 총동원하면 사자를 살려 낼 수 있다는 결론을 내렸다. 그러나 보통 사람은 "사자를 살리지 마시오. 살아나면 먼저 우리를 잡아먹을 것입니다"라고 말했다. 하지만 그들은 사자를 살리는 작업을 시작했다. 보통사람은 하는 수 없이 나무위로 올라가 조마조마한 심정으로 그들의 작업을 바라보고 있었다. 잘난 사람들은 보통사람을 무시하며 작업을 마쳤고 살아난 사자는 우렁찬 포효와 함께 완전히 빈 자기의 뱃속을 채우는 일이 가장 급했던지 자기 앞에 있는 사람들을 모두 잡아먹고 말았다.

인도의 동물 우화인 〈폰차탄트라〉 속에 나오는 이야기이다. 자신감에 도취된 인간은 스스로 자기가 옳다고 생각하는 올무에 빠지게 된다.

현대를 살아가는 많은 사람들은 세계의 중심이 자신이라고 생각하며 산다. 이런 자신감은 어리석음이며 교만이다. 교만한 자들은 만족

보다는 언제나 불평과 원망을 쏟아내며 산다. "교만한 자에게는 결코 은혜가 없다."는 제임스 케리의 말처럼 교만은 자신을 파괴시키는 참으로 불행하고 저주스러운 병인 것이다.

재물이 주는 아픔

켄트카우젠이라는 독일 사람은 57세의 나이로 자살을 했다. 그의 유서에는 "나의 인생은 불행하였다"라고 기록되어 있었다. 그는 외관상으로 볼 때 전혀 불행한 사람이 아니었다. 그가 가진 현찰이 4억 4천만 달러나 되었고, 독일 내에 수많은 아파트를 가지고 있었으며, 미국과 유럽 등지에 53개의 빌딩을 가진 거부였기 때문이다.

우리 가까이에서 일어난 일이다. 이씨 성을 가진 한 남자는 참으로 가난하게 살았다. 그는 큰 아이 미술학원 보낼 돈 6만 원이 없었다. 회사를 그만 둔 후 너무나 괴로워서 혼자 술을 마시며 울었다. 퇴사할 때 그가 가진 재산은 사천만 원과 중고차 한 대, 그리고 전세금이 전부였다. 마침 직장을 잃은 옛 동료들이 벤처 회사를 만드느라 자금 지원을 호소하자 마지막 남은 돈 중에서 이천만 원씩을 출자했다. 그런데 그 돈이 증식되어 수십억 원대의 거부가 되었다. 벼락부자가 된 것이다.

갑자기 돈이 생기자 생활의 변화가 생기기 시작했다. 승용차도 외제로 바꾸고, 골프도 배우기 시작했다. 사람들의 대접도 달라졌다. 만나달라는 사람이 줄을 섰다. 가정에도 변화가 생기기 시작했다. 갑자기 달라진 환경에 정신을 못 차리던 아내가 남편을 의심하기 시작했다. 술에 만취되어 집에 늦게 돌아오면 "어느 여자랑 마셨어요?"라며 시비를 걸어 싸움이 잦아졌고, 알뜰하게 가정을 꾸려가던 아내는 몇 백만 원이 넘는 옷을 아무렇지 않게 사 입기 시작하고 외출이 잦아졌다. 애인이 생긴 건 아닌가 하는 의심을 할 수밖에 없는 일들을 하고 다녔다. 사업자금 대주지 않는다고 으르렁대는 동생들과도 사이가 멀어지고 말았다. 이씨는 불면증으로 치료를 받게 되었다.

경제적인 위기가 인생의 위기라고들 말한다. 물질적인 욕구가 채워지면 행복할 것이라고 생각한다. 그러나 물질은 사람에게 만족을 주지 못한다. 아무리 많이 가져도 "조금만 더…"라고 말한다. 사람이 재물을 지배하지 못하고 재물의 지배를 받을 때 참으로 불쌍하고 추하게 될 수밖에 없다. 재물은 결코 인생의 목적이 될 수 없다. 재물을 목적으로 삼으면 욕심의 노예가 되어 결국 죄에 빠져 고통을 받게 된다. "욕심이 잉태한즉 죄를 낳고 죄가 장성한즉 사망을 낳느니라" 고 한 야고보서 1장 15절 말씀은 평생 마음에 새겨야 할 진리인 것이다.

소원을 이루는 길

나의 아버지는 44년 동안 교사로서 재직하다가 교장으로 정년퇴임을 하셨는데 그 기간 동안 스물네 번이나 이사를 했다. 나도 평택으로 와서 여섯 번 이사를 했다. 어떤 사람은 태어나서 한 곳에서만 살다가 죽는 사람도 있다. 그러나 대부분의 사람들은 이곳저곳으로 옮겨 다닌다. 직장이나 결혼, 자녀교육 등 더 나은 환경을 찾아 옮기는 것이다.

우리가 사는 이 세상은 잠깐 거쳐 가는 여관과 같다. 그러나 사람은 여관과 같은 이 세상에 대한 애착이 대단하다. 사랑하는 사람이 갑자기 세상을 떠나가는 것을 보면 인생이 나그네라는 사실을 실감하게 된다. 누구나 잠깐 이 땅을 순례하는 순례자에 불과한 것이다. 그러므로 더욱 겸손하게 살아야 한다.

어떤 팔순 노인이 길을 가고 있었다. 걷는 것이 힘들어 조금 가다가 쉬고 조금 가다가 쉬었다. 오르막을 올라갈 때는 숨이 차서 더 자주 쉬었다. 그는 쉴 때마다 고개를 숙이고 하나님께 기도를 드렸다. "하나님 여기까지 무사히 올 수 있도록 해주셔서 감사를 드립니다. 앞으로 가야할 길도 인도해 주십시오."

그러나 한 청년은 힘있게 걸었다. 팔순 노인이 걷다가 힘들어하며 고개 숙이고 기도하고 있을 때 측은히 여기며 당당하게 앞을 지나갔다. 이 청년이 보기에 기도란 거추장스러운 사치품이었다.

사람들은 언제나 힘을 가지고 있을 것이라고 착각한다. 시간이 지나면 노인이 된다는 필연적인 사실을 망각한다. 아무리 힘이 넘치는 삼십대도 시간이 지나면 무력해진다. 언제나 겸손해야 한다. 겸손한 자 주변에 좋은 친구와 응원군이 있다.

정말 중요한 것은 하나님께서 겸손한 자의 친구가 되어 주신다는 것이다. 그래서 겸손의 결과는 아름답다. 하나님께서 겸손한 자의 소원을 들어 주시기 때문이다.

시편 10편 17절에서 이 사실을 알 수 있다.

"주는 겸손한 자의 소원을 들으셨사오니"

영원한 봄

프랑스 시인이며 소설가인 빅토르 위고는 인생을 영원한 봄으로 묘사하고 있다.

"겨울이 내 머리 위에 있지만 영원한 봄은 내 가슴 속에 있다. 마지막에 다가갈수록 나는 다가올 세계의 불멸의 교향곡 소리를 더욱 뚜렷하게 듣게 된다. 반세기 동안 내 생각을 시와 산문으로 표현했지만 나는 내 안에 있는 생각의 일천 분의 일도 표현하지 못했다. 내가 무덤에 내려가는 날 비로소 하루를 마치게 된다. 그러나 다음날 아침 새로운 날을 시작하게 된다. 인생은 황혼의 막을 내리지만 새벽과 함께 새로운 막을 열게 된다."

사람들은 인생을 각자 나름대로 생각하고 표현한다. 인생을 절망적으로 볼 수도 있고 낙관적으로 볼 수도 있다. 지혜로운 인생은 현재의 삶이 비록 한 겨울이라고 해도 봄의 소리를 듣고 사는 소망을 가진 존재이다. 그런데 소망은 목적과 관계가 있다. 목적을 향해 사는 자는 소망이 있기 때문이다.

이 땅에 존재하는 모든 것은 이유가 있다. 존재 이유와 목적은 떼어 놓을 수 없다. 비온 후에 보이는 지렁이도 존재 이유가 있는데, 하물며 사람에게 존재 이유가 없겠는가? 존재 이유를 알면 목적을 알게 된다.

사람은 사람처럼 살아야 한다. 사람처럼 살기 위해서는 창조주를 만나면 된다. 그분께 물어보면 삶의 목적을 알 수 있다. 삶의 목적을 알게 되면 어떻게 살아야 하는가를 알게 되고 삶을 마친 후 어디로 가야 하는지도 알게 된다. 욕심대로 느낌대로 무작정 살아서는 안 된다. 사람의 도리를 알고 사람의 목적에 합당하게 사는 사람에게 인생은 영원한 봄인 것이다.

행복을 잡을 수 있을까?

행복이란 '생활에서 충분한 만족과 기쁨을 느껴 흐뭇한 상태'를 말한다고 사전에 기록되어 있다. 사람은 누구나 행복을 찾는다.
김동인의 단편소설 〈무지개〉의 내용이다.

한 소년이 마루에 걸터앉아서 아름답고 영롱한 일곱 색의 무지개를 바라보고 있었다. 너무나 아름다운 무지개를 보고 소년의 마음이 뛰기 시작했다. 찬란히 빛나는 무지개가 마치 소년을 오라는 듯 아름다운 모습을 마음껏 뽐내고 있었기 때문이다. 한나절 동안 그 무지개를 바라보고 있던 소년은 마음속으로 큰 결심을 했다. '저 무지개를 가져다가 뜰 안에 놓으면 얼마나 아름다울까!' 소년은 어머니한테, "저 무지개를 잡으러 가야겠어요." 어머니는 "얘야, 무지개는 못 잡는단다. 멀리 하늘에 있어서 도저히 잡지 못한단다." 그러자 소년은 자신 있게 말했다. "아니에요. 저 들판 건너 숲 위에 걸려 있는데요!" "정 그러면 들판 건너 저 숲까지 가 보고, 거기서 잡지 못하거든 꼭 돌아와야 한다." "어머니! 그럼 제가 얼른 가서 잡아 올게요. 꼭 기다려 주세요." 어머니 만류에도 무지개를 잡기 위해 들판을 향해 달려갔다. 아들을 바라보는 늙은 어머니의 눈가에는 눈물이 흘러 내렸다. 소년은 부지런히 걸어서 힘을 다하여 들판을 건너갔다. 그리고 바라던 숲까지 이르렀다. 그러나 무지개는 그 곳에 있지 않았다. 찬란히 빛나는 무지개는 더 멀리서 아름다운 모습을 마음껏 뽐내고 있었다. 소년은 생각했다.

'가까워지기는 가까워졌어. 그러니 좀 더 가야겠어!' 소년은 높은 산을 하나 넘었지만 무지개는 좀처럼 잡을 수가 없었다. 소년은 용기를 내었다. 그리고 무지개를 향하여 달음박질하였다. 기운이 빠진 소년은 산마루에 이르러서 마침내 쓰러져 깊은 잠에 빠졌다. 잠에서 깨어난 소년은 또 다시 무지개를 향하여 달렸다. 산중턱에 걸린 줄 알고 뛰어내려오던 소년은 중턱에서도 무지개를 만지지 못했다. 그리고 산 아래까지 내려왔지만, 무지개는 역시 멀리 물러서 있었다. 그러나 눈앞에 커다랗게 보이는 무지개에 소년은 다시 용기를 내어 다시 걸었다. 소년은 강을 건너며 생각했다. '조금만 더 가면 잡을 수 있을거야' 마음을 다잡고 걷고 또 걸었다. 가다가 자고 또 일어나 걸었다. 간혹 자기처럼 무지개를 잡으러 가는 사람들을 만나서 서로를 격려하며 걸었다. 위태로운 산길, 험한 골짜기, 가파른 언덕, 깊은 물, 온갖 고난이 또 소년을 괴롭혔다. 그러나 그는 더욱 큰 용기와 희망을 가지고 무지개를 향하여 가까이 갔다. 얼마를 더 가자 소년은 마침내 한 발짝도 더 내디딜 수가 없게 되었다. 그리고 그는 무지개를 도저히 잡을 수 없다는 것을 처음으로 깨달았다. 그는 몸을 아무렇게나 땅에 내던졌다. 그리고 드높은 하늘을 쳐다보았다. '아아, 무지개란 기어이 사람의 손으로는 잡지 못하는 것인가?' 그는 여기서 그 야망을 마침내 접기로 했다. 그런데 이상한 일이 생겼다. 물가에 비친 자신의 얼굴이 이상했다. 검던 머리가 갑자기 하얗게 세고, 그의 얼굴에는 수없이 많은 주름이 잡혀 있었다.

행복은 사람의 노력이나 힘으로 얻을 수 없다. 한 가지 방법은, 행복을 주는 분을 만나야 한다. 그 분은 사람을 만드신 분, 바로 하나님이다. 하나님은 사람을 가족으로 삼기를 원하신다.

행복은 하나님이 주셔야 누리며 살아갈 수 있다. 성경에는 하나님께서만 사람에게 복 주시는 분이라고 수없이 기록되어 있다.

> "하나님이 그들에게 복을 주시며 하나님이 그들에게 이르시되 생육하고 번성하여 땅에 충만하라, 땅을 정복하라, 바다의 물고기와 하늘의 새와 땅에 움직이는 모든 생물을 다스리라 하시니라" (창 1:28).

살아계신 하나님은 자신에게 오는 길을 직접 만드시고 찾아오는 사람을 기쁨으로 기다리고 계신다. 바로 당신이 그 대상임을 기억하면 좋겠다.

> "헛된 생명의 모든 날을 그림자 같이 보내는 일평생에 사람에게 무엇이 낙인지를 누가 알며 그 후에 해 아래에서 무슨 일이 있을 것을 누가 능히 그에게 고하리요" (전 6:12).
> "내일 일을 너희가 알지 못하는도다 너희 생명이 무엇이냐 너희는 잠깐 보이다가 없어지는 안개니라" (약 4:14).

고귀한 동행 이야기 1

결혼 후 건강하게 살던 제가 어느 날 잠이 없어지고 고통의 시간들이 시작되었습니다.

자상한 남편과 예쁜 아이들, 양가 부모님의 도움으로 장만한 좋은 집과 차, 통장에 현금 등 풍요로운 삶을 살았지만 시간이 흐를수록 마음속 한곳에는 공허함과 미래에 대한 불안감, 두려움이 항상 자리잡고 있었습니다. 그러한 공허함과 불안감을 달래기 위해 투자에 관심을 갖게 되었고 마침 투자로 성공한 친구를 따라 아이를 업고 다니며 부동산과 주식에 있는 돈 없는 돈을 다 끌어다가, 소위 요즘 말하는 영끌 투자를 하고 꿈에 부풀어 있었습니다. 그러나 '사람이 마음으로 자기의 길을 계획할지라도 그 걸음을 인도하시는 이는 여호와시니라' 라는 말씀대로 저의 기대와 달리 물질에 많은 손해를 봤고, 주식에 매달리며 아이들은 방치되었고 그 기간 동안 몸과 마음이 병들어갔습니다.

저는 극심한 불면증, 공황장애와 우울증으로 약 없인 한숨도 잘 수 없게 되었습니다. 수면제를 먹고 잘 때마다 몸은 극도의 긴장감으로 뻣뻣해져 갔으며 무엇을 생각할 수도 없었고 지인이나 가족들과도 의사소통이 잘 안되고 불안감에 끝이 보이지 않는 깜깜한 굴속에 갇히게 되었습니다. 정신과 약과 한방약에 약만 한 보따리씩 늘어갔고 우울증과 공황장애에 좋다는 곳은 다 다녀보았지만 몸은 호전되지 않고 말라갔습니다. 약 부작용으로 몸이 너무 아파 1분 1초가 지옥 같았고 죽음과 부정적인 생각들이 저를 항상 따라다녔습니다.

아이들을 생각하며 하루하루를 버티며 살던 어느 날 교회 집사님으로부터 영생에 대한 기쁜 소식을 듣게 되었습니다. 저는 말씀을 들으며 예수님의 십자가의 사랑을 알게 되었고 하나님께 회개의 기도를 드렸습니다. 그리고 교회로 인도되어 말씀을 통해 병도 다 나을 것이라고 확신했습니다. 그리고 많은 분들이 간절히 기도해 주셨습니다. 저는 반신반의했지만 모두들 확신을 갖고 위로해주셨습니다.

저는 죽음이 늘 두렵고 불안했지만 말씀을 들을수록 구원의 확신이 생기며 오늘 이 세상을 떠나도 천국에 갈 것을 확신하게 되었습니다. 또한 병과 함께 잃어버렸던 눈물도 기쁨과 감사의 눈물이 되어 하염없이 흘러내리고 마음의 병이 치유 되어갔습니다. 온 몸과 마음이 병들어 웃음을 잃어버렸던 제가 점차 좋아지고 드디어 맘껏 활짝 웃게 되었습니다. 두려움과 무서움도 어느새 다 사라졌습니다. 흔들리던 우리 가정에 회복과 기쁨이 넘치게 되었습니다.

무엇을 위해 살아야 하는지 삶의 목표와 목적 없이 죽음 밖에 생각할 수 없던 시간들이 지나가고 새 삶을 살게 된 저는 하나님께 감사한 마음으로 내가 만난 예수님을 가족과 이웃들에게 자랑하고 싶은 마음이 생기게 되었고 제 삶에도 많은 변화가 생기게 되었습니다. 온종일 집안에서만 지내던 제가 이웃들에게 먼저 다가가고 많은 사람들을 만나고 섬기며 예수님의 사랑을 전하게 되었습니다.

물질에 대한 가치관도 변하여 예전에는 남들과 비교하며 돈 버는 것에 집중하고 내가 갖지 못한 것에 불평하며 욕심을 부렸지만, 지금은 땀흘리며 번돈의 소중함도 알게 되었고 내가 가진 것에 만족하며 다른 사람과 나누며 사는 기쁨도 얻게 되었습니다.

저는 지금 너무나 행복합니다. 예전에 상처주기도 싫고 상처 받기도 싫어서 사람들과 담을 쌓고 지냈는데, 지금은 제가 받은 하나님의 사랑을 저처럼 고통 받고 있는 사람들과 나누기 위해 요리도 하고 봉사도 하며 하나님과 많은 좋은 사람들과 교제하며 살기 때문입니다.

저는 지난해에 뇌종양 수술을 받았습니다. 위치가 매우 어려운 곳이라 의사선생님이 수술 후 장애를 입거나 죽을 수도 있다고 하셨지만 교회 목사님과 온 성도들이 눈물로 금식하며 기도해 주신 덕분으로 하나님의 놀라우신 은혜를 다시 한번 경험하며 지금 일상생활을 하며 행복한 삶을 살고 있습니다.

03
영혼은 사람의 본질이다

3

영혼은 사람의 본질이다

　영혼을 가리키는 히브리어 '네페쉬(nephesh)'는 '호흡'과 관계된 말로, 하나님께서 사람을 창조하시면서 '사람에게 생명의 기운을 불어넣었다'고 할 때 '영혼'이라는 말이 처음으로 사용되었다. 사람에게는 영혼이 있다. 영혼이 있음을 알 때 더욱 사람답게 살게 되고, 영혼이 있음을 모르고 살면 짐승과 다를 바 없는 삶을 살게 된다. 영혼이 있기에 죄에 대해 몸부림치고 신을 찾으며 내세를 생각하고 준비한다. 가장 소중한 영혼의 가치를 잊지 말자.

　"우리는 우리가 이 땅에 사는 동안만 소유하는 육체는 대단히 잘 돌본다. 하지만 우리가 영원토록 소유할 영혼은 방치하여 시들고 뒤틀리게 만든다." (빌리 그래함, 목사)
　"나의 일생의 사명은 마음을 다해 사랑해야 할 영혼에 대해 냉담한 것을 경계함에 있다." (소크라테스)
　"하늘이여 나의 영혼을 받고 영국이여 나의 뼈를 간직하라." (세익스피어)

　사람들은 자기의 목적을 이루기 위해 열심히 노력하며 산다. 돈, 지식, 명예를 얻는 데 온 힘을 쏟는다. 또한 자기의 뜻을 자녀들이 이루어 주기를 바라며 아낌없이 투자한다.

서울에 있는 어떤 산부인과 의사에게 자녀가 셋 있었는데 입시 지옥 때문에 아이들의 재능이 묻힐까 걱정되어 중학교 때 조기유학을 보내게 되었다. 아이들의 성적은 항상 최고였다. 그런데 세 아이 중 둘째가 미국 시카고의 레이크포리스트 아카데미에 재학 중이던 어느 날 교통사고를 당해서 뇌사 판정을 받고 말았다. 그때 딸은 아름다운 18세의 소녀였다. 뇌사 판정을 받고 장기 중 심장, 간장, 신장, 눈을 미국에 사는 다섯 아이에게 이식하도록 기증하고, 한국으로 실려 온 시체는 의사인 엄마가 나온 대학병원에 기증했다.

참으로 안타깝지만 감동적인 이야기이다. 만약 이 세상이 끝이라면 너무나 허무할 것이다. 그러나 이 땅이 끝이 아니다. 이 땅은 잠시 머무는 여관에 불과하다. 그것도 100년 이내에 떠나가야 한다.

시편 90편 10절에서는 이 사실을 분명히 말씀하고 있다. "우리의 연수가 칠십이요 강건하면 팔십이라도 그 연수의 자랑은 수고와 슬픔 뿐이요 신속히 가니 우리가 날아가나이다"

그렇다. 신속히 날아가는 것이 인생이다. 그렇다면 영원히 남을 수 있는 자랑은 무엇일까?

사람과 짐승

프랑스의 철학자 데카르트는 "나는 생각한다. 고로 나는 존재한다."고 말했다. 파스칼은 그의 저서 〈팡세〉에서 "인간은 한 개의 갈대에 지나지 않는 자연 속에서 가장 약한 존재이다. 그러나 인간은 생각하는 갈대다. 나는 손도 발도 머리도 없는 인간을 생각할 수 있다. 그러나 생각하지 않는 인간은 생각할 수 없다. 만약 그렇다면 돌멩이나 짐승일 것이다."

사람이 짐승과 다른 점은 생각하는 존재라는 것이다. 짐승은 본능적이며 충동적으로 살아간다. 그래서 '먹고 자고 생식하고 죽는 것'이 짐승의 모습이다. 그러나 사람은 생각하며 살고, 살면서 생각하는 존재이다.

하나님께서는 인간에게 생각할 수 있는 능력을 주셨다. 그런데 무엇을 생각하며 사느냐에 따라 삶의 모양이 달라진다. 많은 철학자들이 생각으로 인간의 도덕적 품위를 높일 수 있을 것처럼 말했다.

그러나 도덕적인 품위 뿐 아니라 죄를 생각하고 죽음 이후를 생각한다. 이것은 고도의 지성을 가진 자라고 깨달을 수 있는 것이 아니다. 하나님께서 사람에게 주신 영혼을 통해서만 가능하다.

영혼에 대해 무관심하면 삶을 허무와 절망으로 끝낼 수밖에 없다. 인간을 창조하신 하나님을 부인하게 된다. 창조주이신 하나님을 인정할 때 이 세상을 가장 지혜롭게 살아가는 방법과 자신에게 주어진 사명을 발견하게 되어 삶을 멋있게 마무리하게 된다.

짐승과 영혼

부모님 댁에 12년째 키우던 개 한 마리가 있었다. 개가 예민하여 낯선 사람만 보면 무섭게 짖었다. 그래서인지 이름을 '온유하라' 라고 지었다. 열두 살이 되자 시름시름 앓기 시작했다. 개도 정해진 수명을 어찌할 수 없었다. 온유하라를 대신해서 집을 지켜 줄 새끼 진돗개 한 마리를 데려왔다. 6개월이 지나자 큰 개가 되었고 어머니가 매일 아침마다 주는 온유하라의 밥까지 다 빼앗아 먹었다. 이미 노쇠한 온유하라는 자기 밥도 챙길 수가 없었다. 어머니는 이런 진돗개를 혼냈지만 전혀 잘못을 느끼지 못하고 자신의 행동을 반복했다. 어머니가 혼내면 멀찍이 도망은 가지만 그 때 뿐이었다. 밥도둑 진돗개에게는 양심이 없었다. 그래서 죄를 짓고도 뉘우침이 없는 사람을 '짐승 같은 놈' 이라고 한다.

짐승은 먹고 마실 줄은 알지만 죄에 대한 분별력이 없다. 그래서 짐승은 하나님을 찾지 않고 하나님께 예배 드리지 않는다. 영혼이 없기 때문이다. 원숭이가 사람의 조상이라고 주장하는 사람들이 있다. 이는 너무나 어리석은 말이다. 겉모양만 가지고 사람을 논하는 것 자체가 난센스다. 사람에게는 영혼이 있다. 영혼을 통해 하나님을 만나 교제하는 것이다.

그러나 짐승은 영혼이 없다. 그래서 아무리 비슷한 모양을 해도 짐승과 사람은 비교의 대상이 될 수 없는 것이다.

진화론의 창시자 다윈은 노후에 성경에서 말씀하는 진리를 믿었다. 다윈의 친구인 영국 노스필드의 레이디 호프는 다윈과 함께 영국에서 보낸 시간에 대해 다음과 같이 기록하고 있다.

"다윈이 침대에서 일어나 베개에 기대어 멀리 보이는 숲과 옥수수 밭을 보고 있을 때 물었다. "지금 무엇을 읽고 있는가?" 그때 다윈이 말했다. "나는 지금 히브리서를 읽고 있네. 참으로 고귀한 책이지" 그리고 히브리서 3장 4절 ("집마다 지은 이가 있으니 만물을 지으신 이는 하나님이시라")을 짚으며 말했다. "나는 창세기의 첫 장에서 기록하고 있는 창조 역사에 대해 많은 사람들의 견해를 어느 정도 인정했지. 나는 항상 의문점들과 미심쩍게 보이는 가정들을 벗어 던져버렸네. 놀랍게도 그 (진화에 관한) 사상들은 마치 들불과도 같이 번져버렸네. 사람들은 그것을 종교로 만들어 버렸지." 그리고 잠시 후 말을 이었다. "우리 정원에는 30명 정도 수용할 수 있는 피서용 별장이 있네. 나는 자네가 여러 마을에서 성경을 읽는 것을 알고 있네. 내일 오후 나는 그 곳에 하인들과 소작인들과 몇몇 이웃들을 모이도록 할 것이야. 자네 그 사람들에게 말 좀 해 주겠나?" "무슨 말을 하지?" 내(레이디 호프)가 물었다. "예수 그리스도… 그리고 그의 구원하심. 이것이 최고의 주제가 아닐까?" 다윈은 명백히 자신의 진화론을 포기하면서 "저는 무식한 생각을 가지고 있던 젊은이였습니다."라고 고백했다.

〈참 조〉 John Myers, Voices from the Edge of Eternith (Old Tappan: Fleming Revell, 1968), 247-249.

사람이 단지 육체적인 쾌락만을 추구하며 살다가 이 세상을 떠난다면 짐승과 별 차이 없이 살 수 밖에 없을 것이다. 사람은 짐승과 다르다. 영혼이 있기 때문이다.

영혼의 가치

런던호가 영국 해안에서 침몰 당했을 때의 이야기이다. 배가 이미 침몰하여 가망이 없는 상태가 되었을 때 한 여행자가 물에 잠긴 선실로 내려가 자기의 트렁크를 찾아 갑관위로 올라왔다. 그는 숨을 헐떡이며 만족한 표정으로 트렁크를 바라보았다. 이 모습을 지켜보던 선장은 고개를 저었다. 트렁크는 구했지만 이제 곧 밀어닥칠 죽음에 대한 대비를 하지 않는 모습이 참 안타까웠기 때문이다. 사람에게 가장 중요한 것은 영혼이다. 영혼을 잃어버리고 살면서 다른 것으로 만족한다고 해도 행복을 누릴 수는 없다.

사람의 육체를 성분별로 나누면 2.25kg의 칼슘, 500g의 인산, 252g의 칼륨, 168g의 나트륨, 28g의 마그네슘, 그리고 28g의 철과 구리로 이루어졌다고 한다. 그리고 체중의 65%가 산소, 18%가 탄소, 10%가 수소, 3%가 질소로 되어 있는데 이것을 돈으로 환산한다면 만원의 가치도 안 된다고 한다.

사람의 가치는 눈에 보이지 않는 영혼에 의해 결정된다. 역사를 살펴보면 위인들 가운데 육체적으로는 병들고 약한 사람이 영혼은 오히려 뛰어난 사람들이 많다. 칼뱅은 움직이는 병원이라고 할 만큼 많은 병을 가지고 있었다. 육체적인 병을 이기고 큰 일을 한 사람 중에는 철학자 스피노자와 고전시인 셀 리가 있다. 이 뿐 아니라 레오나르도 다 빈치, 칸트, 데카르트 등도 몸이 매우 연약했다고 한다.

영혼의 가치를 깨닫지 못하면 죄에 대해 무감각하게 된다. 그리고 양심이 마비되어 온갖 죄악 속에서 살게 된다. 영혼의 가치를 깨닫는 순간 죄로부터 돌이키게 되고 하나님과의 교제가 시작되어 새로운 삶을 살게 된다. 영혼을 통해 하나님을 만나기에 영혼이 잘 되면 모든 것이 잘 된다.

영혼의 중요성을 깨달아야 인간다운 삶을 살 수가 있다. 그런데 많은 사람이 아직도 영혼에 대해 무관심하다. 아름다운 꽃이 만발한 화단을 망쳐버리는 방법은 꽃밭에 불을 지르고 물을 많이 부어버리는 것이 아니다. 그냥 내버려 두면 된다. 그러면 나중에 잡초가 무성해지고 저절로 망쳐지게 된다. 친구의 관계도 마찬가지다. 헐뜯고 비방하지 않아도 존재하지 않는 것처럼 그냥 내버려 두면 된다. 영혼도 마찬가지다. 아무런 관심도 갖지 않고 그냥 버려두면 영혼은 무참히 망가져 버린다. 영혼에 대한 무관심은 가장 심각한 병이다. 이제 영혼을 통해 하나님과의 만남을 시도하라. 그러면 당신 앞에 새로운 삶이 펼쳐질 것이다. 가장 가치 있는 존재로 남게 될 것이다.

"모든 별이나 하늘이나 땅이나 모든 나라들도 영혼 하나보다 낫지 못하다." 파스칼의 말이다.

"목마른 사슴이 시냇물을 찾아 헤매이듯이 오 하나님이시여, 내 영혼이 주를 찾아 헤매입니다. 내가 살아 계신 하나님을 애타게 그리워합니다. 언제 내가 하나님을 만나러 갈 수 있겠습니까?"
(시 42:1-2, 쉬운).
"몸은 죽일 수 있으나 영혼은 죽일 수 없는 사람들을 두려워 마라. 영혼과 몸을 모두 지옥에 던져 멸망시킬 수 있는 분을 두려워하여라" (마 10:28, 쉬운).
"너희가 진리를 순종함으로 너희 영혼을 깨끗하게 하여 거짓이 없이 형제를 사랑하기에 이르렀으니 마음으로 뜨겁게 서로 사랑하라" (벧전 1:22).

04

죄를 숨길 수는 있지만 사람의 힘으로 해결할 길은 없다

4

죄를 숨길 수는 있지만
사람의 힘으로 해결할 길은 없다

많은 사람이 죄에 대해 민감하지 못하다. 작은 죄가 자신을 비참하게 만들 것이라고 생각하지 않고 가볍게 여긴다. 그러나 사람을 비참하게 만드는 것이 바로 대수롭지 않게 생각하는 죄이다. 미움 때문에 살인할 것이라고 생각하는 사람은 드물다. 욕심 때문에 도둑질 할 것이라고 생각하지 않는다. 자신의 욕심을 채우며 살다보면 깊은 죄의 수렁에 빠져 있게 된다. 죄는 삶을 파멸시킨다. 그러므로 죄는 반드시 해결해야 한다. 이 땅에서 지은 죄를 해결하지 못하면 영원히 후회할 수밖에 없게 된다.

"삶에서 가장 달콤하게 보이는 죄들이 죽음이후에는 가장 쓰라린 것이 될 것이다." (토마스 브룩스-영국 청교도 목사)
"죄를 인식하는 것이 구원의 시작이다." (마르틴 루터)
"죽음을 피하는 것보다 죄를 피하는 것이 낫다." (토마스 아켐피스)

이런 생각을 한 적이 있는가? '하나님은 죄를 적당히 넘겨주시고 그냥 용서해 주시면 안 될까? 적당히 눈감아 주시면 안 될까?' 만일 하나님이 그렇게 하신다면 큰 일이 날 것이다. 죄를 적당히 봐주면 하나님께서 창조하신 이 세상은 부패와 타락으로 철저히 오염될 것이다.

죄는 개인적인 문제가 아니다. 공동체를 타락시키고 오염시킨다. 데살로니가전서 5장 22절에서 이렇게 말씀하고 있다. "악은 어떤 모양이라도 버리라"

윌리암 알렌 화이트는 "죄는 민들레와 매우 비슷하다"고 했다. 죄의 전파속도는 대단히 빠르다. '호머'는 "죄는 강하고 빨라서 모든 것을 앞지른다."라고 했다.

인도 벵갈에서 장사하는 사람이 호주에서 휴양을 하며 벵갈 지방에 있는 수생식물(파란 하야신스를 닮음)을 가져와서 정원에 심었다. 그 식물은 놀랄 만큼 번식하기 시작해서 하수구와 수로를 모두 막아버렸다. 수십 년이 지나자 곳곳이 이 수생식물 때문에 농업에 막대한 지장을 가져왔다.

사람들은 이 수생식물을 '파란 악마' 또는 '벵갈의 페스트'라고 부른다. 죄의 전파속도와 영향력은 대단하다. 어른이나 어린아이 할 것 없이 빨리 보고 모방한다.

로마서 6장 23절에서 "죄의 삯은 사망이요 하나님의 은사는 그리스도 예수 우리 주 안에 있는 영생이니라"고 말씀하고 있다. 우리가 이 세상에서 지은 죄를 해결하지 못하면 하나님과 영원히 단절된 상태로 살 수 밖에 없다.

죄의 근원인 마음

도로에서 일어나는 대형사고 가운데는 타이어 펑크로 인한 경우가 많다고 한다. 사람을 파멸시키는 죄는 작은 것에서부터 시작된다. 자신의 영혼에 대한 무관심은 곧바로 죄의식의 마비로 연결된다. 가볍게 생각하는 욕심의 끝은 사망이라고 야고보서 1장 15절에서 말씀하고 있다. 그만큼 욕심의 결과가 심각함을 경고하고 있는 것이다.

죄의 결과를 알았던 다윗은 죄를 범하지 않기 위해 죄와 싸웠다. 억울한 일을 당해도, 악인 앞에서도 다윗은 혀를 조심했다. 혀로 인해 많은 죄를 범하기 때문이다. 한번 내뱉은 말은 거두어들일 수 없다. 다윗은 자신의 입에 자갈을 먹이는 것처럼 입을 열지 않았다. 악인들 앞에서 침묵하며 하고 싶은 많은 말을 참으므로 범죄하지 않기 위해 노력한 것이다.

시편 39편 1절에서 그는 이렇게 고백하고 있다. "내가 말하기를 나의 행위를 조심하여 내 혀로 범죄하지 아니하리니 악인이 내 앞에 있을 때에 내가 내 입에 재갈을 먹이리라 하였도다."

죄가 없는 사람은 없다. 하나님의 눈에는 모든 사람이 죄인이다. 햇빛 아래서 보면 미세한 먼지도 다 보이는 것처럼 말이다. 하나님은 사람의 마음까지 꿰뚫어 보신다.

한 네덜란드 시인이 꿈에 죽어서 저 세상으로 갔다. 저 세상으로 들어서자 한 천사가 다가와서 한 권의 책을 보여 주었다. 이 책에는 시인의 삶이 기록되어 있었다. 첫 장을 넘기자 거기에는 많은 글들이 기록되어 있었다. 이 글이 무슨 글이냐고 묻자 당신의 악한 행동이라고 했다. 다음 장을 넘기자 거기에는 더 많은 글이 기록되어 있었다. 이 많은 글의 내용이 무엇이냐고 묻자, 이것은 당신의 입에서 나온 악한 말들인데 행동보다 많은 이유는 사람은 행동보다 말을 많이 하기 때문이라고 했다. 시인은 두려운 마음으로 다시 다음 장을 넘기자 더욱 더 많은 글들이 촘촘히 기록되어 있었다. 무엇이냐고 묻자 당신의 머릿속에 있던 악한 생각이라고 했다. 사람은 말과 행동 보다는 생각을 더 많이 하기 때문이라고 했다. 시인은 떨리는 음성으로 다음 장도 넘겨야 하느냐고 물었다. 천사가 다음 장을 넘기자 어두운 밤처럼 온통 빽빽한 글로 검게 칠해져 있었다. 천사가 "이것은 그대의 악한 마음일세. 마음에서 생각이 나오며 생각에서 말이 나오고 행동이 나오게 되지"라고 말했다.

　죄의 근원은 마음이다. 죄는 마음에서부터 시작된다.

　사람이 마음으로 범하는 죄인 미움은 살인이며, 탐심은 도적질, 음욕은 간음이라고 성경은 말씀한다. 그 외에도 불신, 시기, 질투, 교만, 거짓말, 모함, 의심, 욕설, 더러운 생각 역시 죄이다. 죄의 근원인 마음에 대해 예수님은 말씀하셨다.

> "너희가 겉으로는 사람들에게 의롭게 보이지만, 속에는 위선과 악이 가득하다." (마 23:28, 쉬운).

　사람은 자신의 손이 남의 손보다는 깨끗할 것이라고 생각한다. 그러나 알고 보면 더 지저분한 경우가 많다. 손바닥을 현미경으로 들여다보면 온갖 병균이 우글거리는 것을 보게 된다. 이처럼 사람들은 알게 모르게 죄를 지으며 죄와 함께 살아가고 있는 것이다.

하나님과의 관계를 결정하는 죄

등산을 하다 보면 나무 위를 날렵하게 다니는 청솔모를 볼 수 있다. 본래 청솔모는 수입된 동물이었으나 지금은 너무 많이 번식하여 다람쥐 등을 마구 잡아먹기 때문에 그 피해가 심각하다고 한다. 나무를 타는 청솔모를 보며 문득 이런 생각을 했다. '저 청솔모는 언제 목욕할까?'

들짐승이 정기적으로 목욕한다는 이야기를 들어 본 적은 없다. 그러나 사람은 정기적으로 목욕을 해야 한다. 깨끗하지 않으면 온갖 병균에 노출되어 병에 걸릴 수밖에 없다. 몸을 청결히 해야 하는 것이다.

하나님께서 사람의 몸을 완벽하게 만드셨지만 방치하고 관리를 소홀히 하면 병에 걸릴 수밖에 없다. 우리 몸은 건강을 유지하도록 60조 개의 세포로 이루어져 있다. 세포 하나하나가 독자적인 생명체를 이루어 나쁜 균으로부터 몸을 지키고 건강을 유지하도록 되어 있다.

하나님께서는 깨끗한 사람을 좋아하신다. 하나님께서 사람에게 요구하시는 것은 외적인 청결보다 더 중요한 죄로부터의 정결이다. 죄는 사람의 영혼을 파괴시키는 가장 심각한 병이기 때문이다. 하나님의 기대와 사랑을 받으려면 반드시 정결해야 한다. 이를 성경에서는 '거룩'이라는 단어로 표현하고 있다. 예수님처럼 거룩할 것을 요구하셨다. 베드로전서 1장 16절에서 "기록하였으되 내가 거룩하니 너희도 거룩할지어다 하셨느니라"고 말씀하고 있다.

'거룩'이란 관계원어에는 '성결하다' 또는 '구별하다' 라는 뜻이 있다. 사람은 거룩하신 하나님의 형상을 닮은 존재로 지음을 받았기에 거룩한 삶을 추구해야 한다.

안타깝게도 많은 사람들이 거룩함을 추구하는 데는 큰 관심이 없다. 거룩함을 위해 노력하는 자는 하나님의 관심과 사랑의 대상이 되지만 죄 가운데 사는 자는 하나님과 원수가 될 수 밖에 없다.

죄는 본질적으로 하나님을 떠나는 것이다. 그러므로 사람은 죄로부터 자신을 철저히 지켜야 한다. 죄로 인해 하나님과 원수가 된다면 그 결과가 어떻게 될까? 그 결과는 비참하게 될 수밖에 없다. 이 세상을 창조하시고 심판하실 하나님과 원수가 되어 영원한 하나님의 진노의 대상이 되는 것은 너무나 끔찍한 일이다. 〈그리스도를 본받아〉라는 책을 쓴 토마스 아켐피스는 죽음을 피하는 것보다 죄를 피하는 것이 더 낫다고 했다. 이 세상 살면서 지은 죄를 해결하지 않는다면 하나님의 가족이 되는 기회를 영원히 놓치게 되고, 오히려 하나님의 원수가 되는 비극적인 결과를 보게 된다.

"육신의 생각은 하나님과 원수가 되나니 이는 하나님의 법에 굴복하지 아니할 뿐 아니라 할 수도 없음이라" (롬 8:7).

달콤한 죄악

안압지는 경주박물관 길 건너편에 위치해 있다. 왕궁인 반월성에서 걸어서 10분 정도의 거리에 있는 인공 연못으로 당시의 호화스러운 생활을 엿보게 해 준다. 이곳은 1970년에 발굴이 이루어져 고분의 발굴에서 나온 것들과는 달리 실생활에 쓰이던 것들이 출토되어 당시의 생활을 짐작하게 해 준다. 경주 박물관은 총 3만여 점의 유물 가운데 특별히 안압지관을 만들어 나무배를 비롯한 700여 점의 대표 유물을 전시하고 있다.

경주를 여행하면서 안압지에 한 번 정도 안 가 본 사람은 드물 것이다. 안압지의 연못 속에는 금붕어와 잉어가 사람들이 주는 과자를 받아먹기 위해 모여든다. 어떤 아이는 초코파이 부스러기를 던져 준다. 물고기가 초코파이에 맛을 들이면 어떻게 될까? 아무것이나 주는 자들에 의해 물고기는 병들고 죽어가게 될 것이다.

죄도 이와 같다. 한 번 죄의 맛을 보면 죄로부터 벗어나기가 쉽지 않다. 하찮게 보이는 것이 결국 삶을 고통 속으로 몰아넣고 서서히 죽게 되는 것이다. 죄의 맛은 달지만 그 결과는 비참할 뿐이다.

죄의 결과

스코틀랜드의 귀족 보드웰은 아버지의 소유지와 지위를 상속받아 부족함이 없는 삶을 살았다. 그가 메어리 여왕에 대해 정욕을 품고 온갖 수단을 다해 메어리 여왕과 가까워진 후에 메어리 여왕의 남편 단리를 암살한다. 이 일 후에 제후들과 백성들의 격분으로 여왕은 투옥되고 보드웰은 오크니섬으로 도망을 쳐서 해적 두목이 되지만 덴마크에서 체포되어 감옥에 감금된 후 미쳐서 죽게 된다.

죄는 반드시 결과가 있다. 죄가 드러나지 않기를 바라지만 드러날 수 있다는 걱정이 항상 뒤따른다. 잠이 들어도 악몽 때문에 고통을 당한다. 하루라도 편히 지낼 수 없게 만드는 것이 죄이다. 죄에 대한 대가를 지불하기 전에는 내면의 고통으로 괴로움을 당하게 된다.

죄는 반드시 그 대가를 지불해야 한다. 그 누구도 죄의 대가를 면제 받을 수 없다. 죽음을 통해 죄의 대가로부터 피하려고 해도 결코 벗어 날 수 없다. 하나님은 죄의 결과에 대해서 수없이 말씀하셨다. 히브리서 9장 27절에 "한번 죽는 것은 사람에게 정하신 것이요 그 후에는 심판이 있으리니"라고 말씀하고 있다. 오늘날 생명을 조금이라도 더 연장하기 위해 많은 연구와 투자를 거듭하고 있다. 세상에서 몇 년, 몇 십 년 더 살기 위해 노력을 하면서도 영원한 사망에 이르게 하는 죄 문제를 해결해야 한다는 가장 중요한 진리를 외면하는 어리석음을 범해서는 안 될 것이다.

죄의 심판에서 벗어나기 위한 노력

세계 종교 대표자 회의가 시카고에서 열린 적이 있었다. 수많은 종교 대표자들 앞에서 요셉 쿡 박사는 다음과 같은 연설을 했다. "여러분, 저는 여러분 앞에 한 여인을 소개하려 합니다. 그 여인의 손에는 지워지지 않는 핏자국이 있습니다. 그 여인은 살인을 했습니다. 지금 그 여인은 비통에 빠져 있습니다. 저는 여러분이 믿고 있는 종교가 그 여인의 죄를 용서하고 그 여인에게 평화를 안겨 줄 수 있는지 묻고 싶습니다."

이 세상에는 수많은 종교가 있다. 그러나 죄를 해결할 수 있는 종교는 없다. 모두 죄 문제를 해결하기 위해 노력하지만 더 노력해야 한다고 하고 선행을 통해 해결하려고 하지만 확신을 가지지 못한다. 죄는 인간의 힘으로 해결할 수 없다. 심판자이신 하나님의 방법으로만 해결

받을 수 있다.
 하나님께서는 인간의 범죄를 보며 마음 아파하셨다. 죄로부터 돌아오기를 간절히 원하셨기에 훈계와 경고 그리고 책망으로 잘못을 지적하셨다. 그러나 도무지 깨닫지 못하고 끊임없이 죄를 범하는 인간은 구제불능이었다. 죄에 대한 심판이 얼마나 무서운지를 너무나 잘 아시는 하나님께서는 인간의 죄를 해결할 수 있는 길을 마련하셨다. 하나님께서 제시하시는 방법 외에는 죄 문제를 해결할 수 있는 길이 없기 때문이다.

죄의 인식

 하나님은 사람이 죄의 심판을 받는 것을 원치 않으신다. 하나님은 심판보다는 용서해 주기로 작정하셨다. 그러나 중요한 것은, 죄 용서는 잘못을 인정할 때 받을 수 있는 것이다.
 어떤 교도소를 방문한 목사가 설교를 하고 죄수들과 대화를 나누었다. "어떻게 이 곳에 들어오게 되었느냐?"고 물은 결과 세 가지 반응이 나왔다고 한다.
 첫째, 재수가 없어서 이곳에 들어왔다. 둘째, 큰 죄 지은 사람은 바깥에 있고 작은 죄 지은 우리만 이곳에 들어왔다. 셋째, 감옥 안에 있는 사람들은 죄짓다가 들킨 것뿐이고, 바깥에 있는 사람은 들키지 않은 것뿐이다.
 그들 대부분은 자신의 죄를 시인하기보다는 남을 원망했고, 극히 소수의 사람만이 자신이 죄인임을 인정했다고 한다.

마틴 루터는 이런 말을 했다. "죄의 인식이 구원의 시작이다."

하나님은 죄 지은 사람을 보고 마음 아파하신다. 그리고 죄인들을 초청하신다. 자신이 죄인임을 인식하는 자는 누구나 예수님을 통해 하나님께 나올 수 있다.

그래서 예수님은 이런 말씀을 하셨다. "…… 나는 의인을 부르러 온 것이 아니요 죄인을 부르러 왔노라 하시니라"(마9:13).

하나님은 죄인임을 고백하고 용서를 구하는 자는 누구든지 용서해 주신다. 그리고 만나 주신다.

> "만일 우리가 우리 죄를 자백하면 그는 미쁘시고 의로우사 우리 죄를 사하시며 우리를 모든 불의에서 깨끗하게 하실 것이요"(요일 1:9).
>
> "너희는 너희 아버지 마귀에게 속하여 너희 아버지 마귀가 시키는 대로 하기를 원한다. 마귀는 처음부터 살인자였다. 마귀 속에는 진리가 없기 때문에 마귀는 진리 안에 서지 못한다. 마귀는 거짓말쟁이요, 거짓말쟁이의 아버지이므로 그가 거짓말을 할 때에 자신의 말을 하는 것이다"(요 8:44, 쉬운).
>
> "우리가 저지른 악한 행위들이 다 주 앞에 있고, 우리가 숨어서 지은 죄들도 다 주가 보고 계십니다"(시 90:8, 쉬운).
>
> "여러분도 알고 있는 것처럼, 그리스도는 죄를 없애기 위해 오셨으며, 그리스도께서는 죄가 없으십니다"(요일 3:5, 쉬운).

고귀한 동행 이야기 2

서울에서 태어나 생활력이 무척 강하신 부모님 덕분에 부족함 없이 유년시절을 보냈습니다. 하지만 부모님의 부재로 집안 살림과 동생들을 돌봐야 하는 첫째로서 불평불만 하는 마음, 불안함과 허전함이 어린 시절부터 있었습니다.

집에 있는 것 보다 친구 집이나 밖으로 돌아다니는 습관이 들었고, 직장 퇴근 후엔 친구들과 밤에 돌아다니며 술 문화에 빠져 지냈습니다. 술 좋아하는 남편을 만나 살면서 늘 술파티에 술기운에 싸우고 미래가 두렵고 불안감에 다투고 술주정으로 전쟁 같은 생활이 계속되었습니다. 남편의 폭언과 폭력은 끝나지 않는 지옥 같은 전쟁이었습니다.

아이들이 대학에 입학하자 가정은 깨어지고 가족은 뿔뿔이 흩어졌습니다. 모든 걸 포기하고 저는 홀로서기를 시작하였습니다. 돈을 벌어야 하기에 큰 가방을 끌고 친구 따라 건설 현장에 다니며 하루 종일 서서 일을 했지만 내 마음은 편하고 홀로서기에 성공하는 듯 보였습니다. 그러나 온몸은 골병이 들었고 허리는 돌아가서 앉거나 설 때도 통증 때문에 일하기도 힘든 상황이 되어버렸습니다. 불현 듯 친정 부모님과 동생들이 떠올랐습니다. 가족 모두 예수님 믿으며 평탄하게 살아가는 친정 식구들을 생각하며 대체 난 왜 이렇게 살고 있을까 하는 생각에 슬펐습니다. 난 홀로서기에 실패한 불쌍한 인생이 되어버렸습니다. 믿음 없이 다녔지만 교회를 생각하니 그곳은 따뜻했고, 즐거웠고 소망이 있던 곳이었습니다.

그러던 어느 날, 저는 교회를 스스로 찾아 들어갔습니다.

그 당시 저는 세상의 상처와 가정생활의 실패로 분노조절이 안되고 화병으로 예민하고 곧 폭발할 것 같은 상황이었습니다. 하나님은 저에게 예배를 통해 소망을 주셨고 저는 마음의 문을 열고 말씀을 통해 예수님을 저의 구주와 주님으로 영접했습니다.

자존감이 낮아져서 상대방을 이기려고 소리쳤던 습관도 말씀이 들어오니 조용한 사람으로 차츰 변하기 시작했습니다, 내가 낮아지니 하나님이 날 높여주시는 것 같았습니다.

권위 있는 하나님의 말씀, 하나님을 바로 아는 것이 최고의 지식이며, 나는 약하지만 온갖 좋은 은사와 온전한 선물이 다 위로부터 빛들의 아버지께로부터 내려오며, 그는 변함도 없으신 분임을 알게 되었을 때 남들에게만 있는 행복을 느끼며 평안이 내게 찾아왔습니다. 나의 삶을 불행하게만 생각했었는데 그 모든 것이 내가 인생의 주인 되어 살아온 실수였음을 깨달았습니다.

혼자 외롭게 일만 하던 나의 환경은 많은 변화가 생겼습니다. 내 마음을 헤아려주는 자상한 배우자가 생겼고 새로 지은 좋은 아파트에 당첨되는 축복도 주셔서 홀로 되신 친정어머니를 좋은 환경에서 모시게 되었고 그동안 애만 태우던 저에게 효도할 기회를 주셨습니다. 딸을 하나 더 얻어 삼남매가 된 아이들은 이쁜 손자도 낳아서 잘 키우고 딸들은 본인들이 좋아하는 직업을 찾아서 기쁘게 일하며 살아가고 있습니다. 내가 하나님을 경외하며 평안 가운데 거할 때 멀리 있는 자녀들도 평안해짐을 깨닫게 되었습니다.

저는 이제 불안감에서 해방이 되었습니다. 세상이 주는 평안함은 잠깐이지만 주님께서 주시는 평안한 마음으로 하루 하루 기쁘게 살고 있습니다. 그 무엇보다도 만일 오늘이라도 이 세상을 떠나도 천국에 들어간다는 확신이 있기에 더욱 즐겁고 기쁩니다.

예배의 회복은 나의 삶이 회복되고 가정이 회복되는 역사가 일어났습니다. 주일예배는 나에게 한없이 소중한 시간이 되었습니다.

내가 좋아하는 친구, 동생들과 지인들과 함께 천국 가고 싶은 마음이 생기게 되니 전도를 하게 됩니다. 주님을 바라보며 주님이 계시는 천국에 많은 사람들이 함께 가는 꿈을 꿉니다.

저에게 남은 인생을 목적을 가지고 살게 하시고 영원한 생명을 주신 주님께 감사드립니다.

05

하나님을 만나는 것이 행복이다

5

하나님을 만나는 것이 행복이다

사람이 하나님을 만나면 어떤 일이 일어날까? 하나님은 사람을 사랑하시기에 영원한 사랑의 관계를 맺기 원하신다. 하나님은 이 세상을 창조하시고 우리의 삶을 주관하시고 아름다운 길로 인도하는 유일한 분이다. 놀라운 것은 하나님을 만나기를 사모하는 자는 누구나 하나님을 만날 수 있다는 것이다.

"우리는 하나님을 알기 위해 지음 받았다. 그러므로 우리 인생의 목표는 하나님을 아는 것이다." (J.I.패커, 신학자)
"하나님의 뜻 안에서가 가장 안전하다." (코리텐 붐, 작가)
"하나님을 생각하는 일이 많으면 많을수록 하나님은 더욱 많이 도우신다." (톨스토이)

사람은 하나님을 간절히 구하여 만나 뵙는 순간 모든 문제를 해결 받을 수 있다. 하나님은 창조주이시기 때문이다. 하나님의 창조하신 세계는 너무나 신비롭고 오묘하다.

사람은 자연의 신비함을 모르고 지낼 때가 많다. 우리가 속해 있는 은하계에 2천억 개의 별들이 있다고 하니 얼마나 넓고 광대한가를 상상할 수조차 없다. 이 세상 생명체 중 가장 정교하게 만들어진 사람의 뇌는 약 1400mg으로 몸무게의 2%를 차지한다고 한다. 그런데 이 작은 뇌에서 취급하고 있는 하루의 정보량이 현재 전 세계의 전화 교신량을 합친 것보다 훨씬 더 많은 양의 정보를 취급하고 있다는 것이다.

매초 당 약 1억 비트의 정보가 인체의 여러 감각기관으로부터 쏟아져 들어오는데 뇌간이라고 하는 곳에서 중요한 것을 정리해서 엄청난 양의 정보를 조절한다고 한다. 이 일에 참여하는 신경세포가 무려 1000억 개나 된다고 하니 놀라지 않을 수 없다. 더욱 놀라운 것은 약 140억 개의 세포로 구성된 우리의 두뇌가 약 2000만 권 분량의 거의 무한한 양의 정보를 수용할 수 있도록 설계되었다는 사실이다.

우주와 인간을 지배하고 계획하시는 하나님의 큰 뜻을 사람은 다 알 수가 없다.

많은 사람이 창조주이신 하나님의 존재를 인정하지 않고 자신이 하나님이 되어 살아간다. 그러다가 힘없고 무기력한 피조물라는 것을 깨달았을 때 비로소 하나님을 찾는다. 하나님을 빨리 만나 사랑의 교제를 할수록 하나님의 크신 계획과 무한하신 사랑을 경험하며 살게 된다.

아름다운 삶

하나님께서 사람을 만드실 때 어떻게 만드셨는지를 알면 하나님의 마음을 알 수 있다. 이 땅에 모든 피조물 중에 유일하게 하나님의 형상대로 지음을 받은 존재가 바로 사람이다. 이는 사람만이 하나님과 사랑의 교제가 가능한 유일한 존재라는 것이다. 그러므로 하나님은 끊임없이 사람과 교제하기를 원하신다.

창세기 1장 27절에서 이 사실을 말씀하고 있다. "하나님이 자기 형상 곧 하나님의 형상대로 사람을 창조하시되 남자와 여자를 창조하시고"

창조주이신 하나님께서 피조물인 인간과 교제하길 원하신다니 참으로 황송한 일이 아닐 수 없다. 사람이 하나님을 만나 사랑의 교제를 하고 살면 어떤 일이 일어날까?

이 세상을 만드신 하나님과 교제하면 삶이 아름다워진다. 하나님께서 만드신 모든 것이 아름답기 때문이다. 하나님께서 만드신 자연을 보라. 얼마나 아름다운가! 사람의 인체를 보라. 얼마나 아름답고 오묘한가!

사람은 아름다운 외모를 가지기 위해 노력한다. 그러나 아름다운 삶을 위해서는 어떻게 해야 하는지 잘 모른다. 세상이 악하고 피폐하고 추한 것은 하나님에 대해 무관심하고 하나님의 존재를 부인하고 하나님을 대적하고 살기 때문이다. 고귀한 인생을 사는 길, 그 방법은 간단하다. 하나님을 만나 사랑의 교제를 하며 살면 된다.

부족함이 없는 삶

이탈리아 화가 티치아노(1477-1576)는 예술적인 재능을 가진 한 젊은 군인에게 그의 재능을 그림에 바칠 것을 종용하였다. 젊은이는 티치아노의 말처럼 그림을 그리는데 모든 시간을 바쳤지만 자신의 재능에 한계를 느끼게 되어 절망 가운데 붓을 집어던지고 말았다.

티치아노가 절망 중에 울고 있는 그를 찾았을 때 그가 그리던 그림을 보고 놀라지 않을 수 없었다. 그 그림은 대단한 경지에 이른 사람만이 그릴 수 있는 그림이었기 때문이다. 티치아노는 붓을 들고 미완성의 그림을 심혈을 기울여 완성시켰다. 다음날 그 젊은이는 이제 더 이상 미술을 하지 않겠다고 티치아노에게 말하려고 찾아왔다가 화실 입구에 완성된 자기의 그림이 걸려 있는 것을 보았다. 그가 실패하고 포기하려던 그림을 티치아노가 완성시킨 것이었다.

그는 감사의 눈물을 흘리며 "저는 미술을 포기할 수 없습니다. 선생님의 도움 때문에라도 그림을 계속하겠습니다. 나를 위해 많은 것을 해 주셨기에 나 자신을 잊어버리고 최선을 다해 노력하겠습니다." 라고 말하고 다시 그림을 시작했다. 오늘날 그의 그림은 세계의 화랑에 티치아노의 그림과 함께 나란히 걸려 있다고 한다.

하나님은 인간의 부족을 아신다. 초라해 보이고 능력이 없어 고민할 때 부족과 결핍을 채워 주신다. 하나님이 보실 때 인생의 부족함은 아무 것도 아니기 때문이다.

"젊은 사자는 궁핍하여 주릴지라도 여호와를 찾는 자는 모든 좋은 것에 부족함이 없으리로다" (시 34:10).

미래의 조각가

북반구에 사는 길레모트라는 새는 절벽의 바위틈에 알을 낳는다. 수백 마리의 어미새가 낳는 알들이 바위를 하얗게 뒤덮는데 놀라운 것은 어미새가 수백 개의 알 중에 자기가 낳은 알을 정확하게 찾아낸다는 것이다. 어미새의 작은 능력도 이렇게 오묘한데 하나님의 능력은 얼마나 대단하겠는가?

하나님은 당신을 안다. 세밀하게 살피고 계시며 어디든지 계시므로 우리가 피할 곳이 없다. 인생의 성공은 하나님 앞에서 산다는 사실을 인식하는데서 부터 시작된다. 하나님을 인정하는 순간 하나님께서 당신을 위해 일을 시작하실 것이다.

어떤 젊은 여인이 조각가의 화실을 매일 저녁마다 청소하게 되었다. 그녀는 매일 오후 화실에 와서 마룻바닥에 떨어져 있는 쓰레기를 치우고 방을 닦았다. 그녀는 올 때마다 점차 사람의 형상으로 변해가는 대리석 덩어리를 보고 놀라지 않을 수 없었다. 처음에는 머리 모습을 보았는데 그 다음에는 얼굴 형상이 나타나더니 점차 뚜렷한 사람의 얼굴로 변해 가는데 매우 낯익은 사람의 모습이라고 생각했다.

어느 날 조각가가 막 화랑을 나가려는데 그 파출부가 들어서면서 외쳤다. "아니, 이건 아브라함 링컨이 아닙니까?" 그녀는 감탄하여 외치듯 말했다. "아니, 어떻게 이 대리석 덩어리 속에 링컨 대통령이 들어 있는 것을 아셨나요?"

하나님은 우리가 생각하는 것보다 훨씬 우리를 더 잘 알고 계신다. 하나님은 목동 다윗을 보시면서 이스라엘 왕 다윗을 보고 계셨다. 지금이라도 늦지 않았다. 당신을 하나님께 맡기면 하나님께서 당신의 삶을 조각하실 것이다. 욥기 5장 9절에서 말씀하고 있다.

"하나님은 헤아릴 수 없이 큰일을 행하시며 기이한 일을 셀 수 없이 행하시나니."

"태초에 하나님께서 하늘과 땅을 창조하셨습니다"(창 1:1, 쉬운).
"전능하신 하나님이 네게 복을 주시어 네가 생육하고 번성하게 하여 네가 여러 족속을 이루게 하시고"(창 28:3).
"깊도다 하나님의 지혜와 지식의 풍성함이여, 그의 판단은 헤아리지 못할 것이며 그의 길은 찾지 못할 것이로다 누가 주의 마음을 알았느냐 누가 그의 모사가 되었느냐"(롬 11:33-34)*모사- 조언자
"모든 선한 행위와 완전한 선물들은 빛들을 창조하신 하나님으로부터 위에서 내려오는 것입니다. 하나님께서는 결코 그림자처럼 변하는 일이 없으십니다"(약 1:17, 쉬운).

"우리는 하나님이 우리를 사랑하시는 그 사랑을 알고 믿고 있습니다.
참으로 하나님은 사랑이십니다. 그 사랑 안에 사는 사람은
하나님 안에서 살고 하나님도 그 사람 안에 계십니다."

(요일 4:16, 현대인)

06
사랑은 영원히 살게한다

6

사랑은 영원히 살게 한다

사람들은 누구나 사랑을 원한다. 그래서 사랑의 대상을 찾지만 사람이 원하는 사랑은 한계가 있다. 그러나 무한한 사랑이 있다. 그것은 바로 하나님의 사랑이다. 하나님의 사랑을 받고 사는 자는 건강하다. 어떤 상처도 회복시켜 건강하게 하는 것이 하나님의 사랑이다. 그 뿐인가? 하나님의 사랑을 받는 자는 오히려 사랑을 베풀며 살아가게 된다. 그러나 하나님의 사랑을 모르고 살면 자신을 괴롭히고 이웃에게 상처를 주는 이기적인 삶을 살게 된다. 삶을 후회하며 허무하게 마감하게 된다. 하나님의 사랑의 소낙비를 맞으며 살아가자.

"하나님은 세상을 사랑 하신다. 당신도 이와 같이 하라."(어윈 루쳐)
"구해서 얻은 사랑은 좋다. 그러나 구하지 않고도 주어진 사랑은 더욱 좋은 것이다." (세익스피어)
"우리가 악을 미워하지 않고는 선을 사랑할 수 없다." (제롬)

하나님께서 사람에게 주신 가장 귀한 선물은 사랑이다. 이 세상에서 사랑으로 해결할 수 없는 문제는 없다. 사랑의 힘 앞에서는 누구나 굴복한다. 죄인도 돌이키고, 교만한 자도 겸손하게 되고, 마음이 강퍅한 자가 온유한 자가 된다.

'사랑장'이라고 불리는 고린도전서 13장 4-7절에서 사랑을 잘 표현하고 있다.

> "사랑은 오래 참고 사랑은 온유하며 시기하는 자가 되지 아니하며 사랑은 자랑하지 아니하며 교만하지 아니하며 무례히 행하지 아니하며 자기의 유익을 구하지 아니하며 성내지 아니하며 악한 것을 생각하지 아니하며 불의를 기뻐하지 아니하며 진리와 함께 기뻐하고 모든 것을 참으며 모든 것을 믿으며 모든 것을 바라며 모든 것을 견디느니라"

사람이 하나님을 만나면 진정한 사랑을 알고 그 사랑에 흠뻑 빠지게 된다. 하나님은 사랑이시기 때문이다. "하나님은 사랑이시라"고 요한일서 4장 16절에서 말씀하고 있다. 사랑의 하나님을 만나면 인생의 어떤 문제도 해결 받을 뿐 아니라, 하나님의 사랑을 마음에 담아 세상 곳곳으로 퍼 나르게 된다.

사랑을 모르고 지내던 아프리카의 미개한 원주민이나, 사람을 잡아먹던 식인종들이나, 범죄집단에서 살던 사람도 하나님의 사랑을 깨닫게 되면 삶을 돌이키고 공동체 의식을 가지고 상대방을 이해하고 받아 주는 자가 된다. 또한 자신이 사랑 받는 존재라는 자존감을 가지고 살게 된다. 놀랍게도 사랑을 받은 사람은 내면이 건강해지고 즐거움과 기쁨의 삶을 살게 된다. 사람의 힘으로 도무지 해결할 수 없는 죄의 문제까지 하나님의 사랑으로 해결할 수 있다.

하나님은 사람의 죄 문제를 해결하기 위해서 지극하신 사랑으로 자신의 외아들 예수님께 모든 죄를 담당시키기로 결정하셨다. 하나 뿐인 외아들 예수님을 인간의 죄 값을 대신 지불하실 제물로 내어놓으신 것이다. 죄 값이 얼마나 처참하고 고통스러운지 아셨지만 사람에 대한 지극하신 사랑으로 아들의 생명을 주셨다. 이는 바로 하나님 자신의 생명을 주신 것이라고 할 수 있다.

태평양 연안에 사는 천축잉어라는 바다고기는 암컷이 알을 낳으면 수컷이 그 알을 입에 담아 부화를 시킨다고 한다. 입에 알을 담고 있는 동안 수컷은 아무것도 먹지 않고 알을 입에 품고 있는데 그 기간이 수컷에게는 참으로 큰 고통의 기간이라고 한다. 결국 수컷은 쇠약해져서 아무 일도 할 수 없게 되어 마침내 죽어 가는데, 기력이 다하기 직전에 입속의 알들은 부화되어 어미를 따라 가버린다고 한다. 아비의 사랑과 희생을 통해 새로운 생명을 탄생시키는 것이다.

참된 사랑은 고통이 뒤따른다. 하나님과 인간의 관계도 사랑의 관계로 이루어졌다. 하나님은 인간을 사랑하셔서 엄청난 대가를 지불하셨다. 외아들을 십자가에 못 박으시면서 까지 우리를 사랑하신 것이다. 하나님의 사랑을 받을 기회를 가볍게 여기다가 놓치는 것은 땅을 치며 후회할 가장 바보 같은 짓이 아닐 수 없다.

측량할 수 없는 사랑

캘리포니아에 사는 베노즈델이라는 사람에게 어느 주말 가까운 병원에서 전화 연락이 왔다. 지금 어떤 사람이 중상을 입고 죽어가고 있는데 수혈을 하지 않으면 죽는다는 것이었다. 다행히 베노즈델의 피가 이 사람과 같은 피였기 때문에 급히 연락을 했다는 것이었다. 베노즈델의 혈액은 일천 명에 한 명 정도 있는 희귀한 혈액형이었다.

죽어가는 사람을 살리기 위해 병원으로 달려가 침대에 누워 피를 뽑기 시작했다. 그는 피를 뽑으며 다친 사람의 사유를 물었다. 그러자 병원 직원이 대답하기를 어버이날이라 가족끼리 모였다가 싸움이 나서 칼부림으로 피를 많이 흘린 끔찍한 사건이라는 것이었다. 뜻 깊은 어버이날 형제끼리 모여 칼부림이라니 이것들이 사람인가 하는 생각이 들자 자신의 피를 뽑아준다는 것이 너무 아깝다는 생각이 들었다. 마음에서 분노가 일어나기 시작했다. 그러나 그 순간 이 말씀이 생각났다. "우리가 아직 죄인 되었을 때에 그리스도께서 우리를 위하여 죽으심으로 하나님께서 우리에게 대한 자기의 사랑을 확증하셨느니라." 로마서 5장 8절 말씀이다.

하나님은 도무지 용서받을 수 없고 자격 없는 죄인인 우리에게 도무지 측량할 수 없는 큰 사랑을 베풀어 주셨다.

자연을 통해 깨닫는 사랑

연어는 강에서 태어나 북태평양 넓은 바다로 나가 3년 내지 6년을 보낸 후 산란기가 되면 알을 낳기 위해 강으로 올라오게 되는데 정확히 자기가 태어난 곳으로 돌아온다고 한다. 냄새로 그 장소를 알 것이라고 학자들은 추측하고 있다. 그런데 연어는 강 상류까지 아무것도 먹지 않고 거슬러 오르는데, 이때 엄청난 힘을 소모하고, 마지막 기운

마저 구덩이를 파고 알을 낳는 일에 모두 써버리기에 알을 낳는 즉시 암 수컷 모두 죽고 만다고 한다. 죽은 연어의 몸은 분해되어 플랑크톤을 자라게 하고, 훗날 태어난 새끼 연어들이 이 플랑크톤을 먹고 자란다고 하니 참으로 귀한 사랑이 아닐 수 없다.

가시고기는 암놈이 알을 낳고 떠나가면 수놈이 보름동안 알의 부화를 위해 온 정성을 다한다. 먹지도 자지도 않고 지느러미를 움직여 산소를 공급하고 다른 물고기들이 침입하면 생명을 건 싸움도 마다하지 않는다. 이렇게 보름 동안의 사투 후에는 기진맥진하여 새끼들이 있는 쪽으로 머리를 향하고 죽어간다.

펭귄도 이와 같은 부성애를 가지고 있다. 암놈이 수놈의 발 위에 알을 낳아 놓으면 폭신한 발등에서 60일이 지나면 부화가 된다. 두 달 동안 부화 될 때까지 수놈 펭귄은 꼼짝하지 못하고 있다가 기진맥진하여 몸을 가누지 못한다. 암놈은 먹이를 준비해서 자신의 새끼를 먹이는 데 골몰하지만 수놈에게는 별 관심을 두지 않는다. 수놈은 비틀거리며 바다로 향하다가 쓰러져 죽어가는 경우가 대부분이라고 한다.

이처럼 동물의 세계에서도 감동적인 부성애를 찾아 볼 수 있다. 부모의 자녀 사랑 역시 그 어떤 사랑과 비교되지 않는 최고의 사랑이다. 그렇다면 예수 그리스도를 믿음으로 우리가 받을 하나님 아버지의 사랑은 도무지 측정할 수가 없을 것이다. 생명까지 아낌없이 주신 사랑이 하나님의 사랑이다.

모방할 수 없는 사랑

이런 이야기가 있다.

어느 날 하나님이 천사를 보내어 지상에서 제일 아름다운 것 세 가지를 가져오라고 하였다. 천사는 지상에서 아름다운 것 세 가지를 찾았다. 그것은 예쁜 꽃과 어린아이의 웃음 그리고 어머니의 사랑이었다. 꽃은 모두 아름답다. 아름답게 보이지 않는 꽃은 없다. 그리고 어린아이의 웃음은 언제 보아도 아름답게 보인다. 맑은 눈으로 천진난만하게 웃는 모습은 참으로 평화롭고 아름답다. 그런데 하늘나라에 가보니 꽃은 이미 시들어 있었다. 그리고 어린아이의 웃음도 몇 해가 지나는 사이에 아름다운 모습을 잃어버리고 말았다. 그러나 어머니의 사랑은 전혀 변하지 않았다. 하나님은 세 가지 중에서 어머니의 사랑이 제일 아름답다고 인정했다고 한다.

어머니의 사랑은 끝없이 베푸는 사랑이다. 누구도 모방할 수 없는 절대적인 사랑이다. 도무지 용서할 수 없는 자녀를 껴안고 이해하는 사랑이 바로 어머니의 사랑이다. 아낌없이 가장 좋은 것으로 베푸는 사랑이다.

그런데 어머니의 사랑보다 더 아름다운 사랑이 있다. 그것은 바로 하나님의 사랑이다. 모든 사람에게 끝없이 베풀고 모든 것을 완벽하게 준비하는 사랑은 하나님의 사랑밖에 없다. 하나님은 불완전한 인간을 위해 모든 것을 준비하셨다. 이 세상 뿐 아니라 죽음 이후의 필요까지 준비하신 것이다.

회복시키는 사랑

이 땅에는 망가진 사람들이 많다. 도무지 회복이 불가능할 만큼 심하게 망가진 사람들이 하나님을 만나면 새 사람이 되는 것을 본다. 이는 하나님의 뜨거운 사랑 앞에 모든 과거의 아픔과 문제가 녹아지기 때문이다.

승용차가 충돌 사고로 완전히 망가졌다. 차는 즉시 견인되어 정비공장에 입고되었다. 정비공장에서 파손된 부분이 새로운 부품으로 교체되기 시작했다. 특히 심하게 망가진 부분들이 많아 산소 용접기를 사용했다. 산소 용접기를 통해서 나오는 고온의 가스불은 심하게 파손된 부분도 완전하게 펼 수 있었다. 이처럼 죄로 인해 망가진 사람은 하나님의 진노의 대상이지만 하나님은 사랑이라는 뜨거운 불로서 망가진 부분을 완벽하게 펴 주신다.

하나님께서 독생자 외아들을 주신 사랑이야말로 산소 용접기에서 나오는 뜨거운 가스불과 비교될 수 없는 사랑이다. 하나님의 사랑의 불에 닿기만 하면 아무리 망가진 사람도 정상적으로 회복될 수 있다. 하나님의 사랑을 받아들이기만 하면 당신의 망가진 모든 부분이 회복될 것이다.

영원한 사랑

해마다 합의이혼이 늘어가고 있다. 합의이혼을 하게 되면 법원에 나가 판사 앞에서 2분 만에 절차를 마무리하고 "행복하게 잘 살아"라는 인사말을 하고 헤어진다고 한다.

결혼 전의 노력과 사랑을 한 순간에 물거품처럼 사라지게 하는 이혼이 오늘날 쉽게 이루어지고 있다. 그렇게 사랑한다고 수없이 말하고 결혼해 주지 않으면 생명까지 버릴 것처럼 오기를 부리던 사람들도 쉽게 이혼하는 시대가 되고 말았다.

이 세상의 사랑처럼 믿을 수 없는 것도 없다. 그러나 결코 변하지 않는 사랑이 있다. 그것은 하나님의 사랑이다. 하나님은 외아들 예수 그리스도를 아무 조건 없이 우리의 죄 값을 대신 받도록 내어주셨다. 십자가에서 못 박히는 극형을 받도록 하셨다. 예수 믿고 하나님의 자녀가 되면 영원히 변하지 않는 하나님의 사랑을 받게 된다. 이 사랑은 누구도 끊을 수 없는 영원한 사랑이다. "높음이나 깊음이나 다른 어떤 피조물이라도 우리를 우리 주 그리스도 예수 안에 있는 하나님의 사랑에서 끊을 수 없으리라" 로마서 8장 39절 말씀이다.

> "우리는 하나님이 우리를 사랑하시는 그 사랑을 알고 믿고 있습니다. 참으로 하나님은 사랑이십니다. 그 사랑 안에 사는 사람은 하나님 안에서 살고 하나님도 그 사람 안에 계십니다" (요일 4:16, 현대인).
>
> "하나님의 가르침을 따라 순종해야만 그 사람 안에 하나님의 사랑이 완전히 이루어지게 될 것입니다. 이것이 우리가 하나님을 따르고 있음을 보여 주는 방법이 됩니다" (요일 2:5, 쉬운).
>
> "그러나 하나님은 자비로우시고 우리를 너무나 사랑하셔서, 그냥 내버려 두지 않으셨습니다. 하나님의 뜻을 따르지 않아 영적으로 죽은 우리들에게 그리스도를 통하여 새 생명을 주신 것입니다. 여러분은 하나님의 은혜로 구원을 받았습니다" (엡 2:4-5, 쉬운).

고귀한 동행 이야기 3

저는 교회를 다닌 지 이제 만 4년이 되었습니다.

그때까지 교회라는 곳은 군대 훈련소 시절에 교회 예배에 한 시간 참석해서 졸다가 나오면 초코파이와 요구르트를 주기에 그걸 받아먹기 위해서 갔던 것이 저의 기억 속 교회였습니다.

그 후로 교회라는 곳은 가본 적도 없고 주위에 교회에 다니는 사람도 없었기에 하나님을 모르고 세상 즐거움과 돈 버는 데만 집중하며 살았습니다.

그러다 지금의 아내를 만나 결혼하였습니다. 행복한 결혼생활을 꿈꾸며 결혼을 했지만 우리 부부는 서로의 주장을 꺾지 않고 싸우기를 밥 먹듯이 했습니다. 항상 말로 상처를 주며 아내를 힘들게 했던 저는 결혼한 지 몇 개월도 안 되어서 이혼을 하니 마니 하며 싸우는 날이 많았습니다. 당시 아내는 교회를 다니고 있었고 나에게 끈질기게 교회를 가자고 했지만 나중에 간다며 핑계를 댔습니다. 한번은 심하게 싸우고 아내에게 못된 성질을 다 부리고 서로 아무 말도 하지 않고 며칠을 보내다가 아내가 너무나 안쓰럽다는 생각이 들어 사과를 했더니 정말 미안하면 교회 딱 한 번만 가자고 했습니다. 그래서 딱 한 번만 가면 되냐고 하니 딱 한 번이면 된다는 아내의 말을 듣고 정말 한 번만 나갈 생각으로 교회에 나가게 되었습니다.

첫 예배에 찬송이 나오는데 나도 모르게 찬송을 흥얼거리며 따라 부르다 눈물이 흐르기 시작했습니다. 그렇게 예배가 끝날 때까지 눈물은 멈출 줄 모르고 계속 흘렀습니다. 예배가 끝나고 나오면서 아내에게 다음 주에도 예배를 나오겠다고 하니 아내는 너무나 좋아했습니다.

그렇게 저는 교회를 나오게 되었습니다.

지금 저의 아내는 말합니다. 당신이 하나님 앞에 나오도록 무릎 꿇고 눈물의 기도를 얼마나 많이 한 줄 아냐고 잔소리처럼 말합니다. 지나서 돌이켜보니 이렇게 하나님께서 아내의 기도에 응답하시어 내 삶에 친히 찾아와 주셔서 내 마음을 만져주시고 자녀 삼아주셨구나 라는 생각이 듭니다.

그렇게 저는 하나님의 말씀을 통해서 예수님을 인격적으로 만나게 되었고 지금껏 교만과 어리석음 속에서 이기적으로 살아온 제 잘못을 깨닫고 죄를 회개하게 되었습니다. 제가 그때 교회에 나오지 않았더라면 저희 가정은 아마도 이미 파탄이 났고 저는 원룸에서 혼자 소주에 라면을 끓여 먹으며 살고 있을 것입니다.

생각해 보면 지난 날 하나님을 몰랐을 때는 아내의 헌금 봉투만 봐도 잔소리를 하고 구박을 했었는데 지금은 예배를 통해 삶 속에서 작은 일에도 감사함이 생기게 되었습니다. 감사함이 생기니 삶이 긍정적으로 바뀌기 시작했습니다.

20년 넘게 피운 담배도 절대 못 끊을 줄로 생각했는데 기도를 통하여 하나님께서는 한 번에 끊게 하셨고, 세상적인 욕심을 못 버렸을 때는 새벽 늦게까지 술을 마시며 음주 운전을 일삼으며 아내의 속을 많이 썩게 만들었지만 이마저도 하나님께서는 완전히 끊어버릴 수 있도록 인도하셨습니다. 주말 출근도 내가 물질의 욕심을 못버려서 출근을 했었지만 생각을 바꾸고 주일을 온전히 지키니 만사형통하게 되었습니다.

저는 이렇게 변화된 삶에 기쁨으로 주변 사람들에게 예수님을 전하며, 참으로 좋은 환경 속에서 신앙생활을 하고 있다는 것을 알게 되면서 행복한 사람이라는 것을 깨닫게 되었습니다.

이처럼 하나님께서는 나에게 참 많은 은혜를 부어 주셨습니다. 이기적이고 욱하는 성격에 모든 게 내 중심적인 삶을 살던 제가 주님을 만나고 새로운 삶을 살아가게 되었습니다.

지금은 오랜만에 만나는 지인들에게 자신 있게 이야기합니다. 나는 출세했다고... 그럼 그들은 무슨 출세를 했냐고 묻습니다. 그런 그들에게 저는 예수님을 만나서 내 인생이 출세했다고 이야기합니다. 저를 자녀삼아 주신 하나님께 감사드립니다.

07
예수의 소원은 당신이다

7

예수의 소원은 당신이다

이 땅의 많은 사람들이 만나기를 원했던 분이 있다. 그분으로부터 자신의 문제를 해결받기를 원했고 놀랍게도 어떤 문제도 그분을 만나면 회복되고 해결되었다. 그리고 기뻐했다. 그분이 바로 하나님의 아들 예수님이다. 예수님은 인생 모든 문제를 해결해 줄 수 있는 유일한 분이며, 예수님을 통해 하나님 앞에 나아갈 수 있다. 오늘도 예수님은 만남을 기대하고 계신다. 그 대상이 바로 당신임을 기억해야 한다.

"예수의 이름은 우리의 귀에 얼마나 감미로운지! 우리의 슬픔을 달래주고, 우리의 상처를 치유하며, 우리를 두려움에서 쫓는다."
(존 뉴튼, 목사)
"그리스도를 우리의 지도자로 모셨다면 그 무엇도 절망할 것이 없다." (죠지 휫필드, 신학자)
"살아계신 예수 그리스도는 인간의 모든 질병, 연약함, 곤궁함의 유일한 치료자가 되신다" (에리히 자우어-독일 비데스트 성경학교)

예수님을 믿지 않고는 하나님을 만날 수 없다. 간혹 예수님을 믿지 않으면서 하나님을 믿는 것처럼 말하는 사람이 있다. 이런 사람은 교회에 오래 다녀도 하나님의 사랑을 경험할 수 없다. 믿음을 가진 자는 하나님께서 일해 주심을 경험하며 매일 감사하며 살 수 있다.

'예수'라는 이름은 모든 이름 위에 가장 뛰어난 이름이다. 지금까지 이처럼 많은 사람들로부터 높임을 받으신 분은 없다. 예수님에 대해 천사가 말했다. "아들을 낳으리니 이름을 예수라 하라 이는 그가 자기 백성을 그들의 죄에서 구원할 자이심이라 하니라"(마 1:21).

'예수'는 '여호와의 구원'을 뜻하는 구약의 '여호수아'에서 나온 이름이다. 나사렛에만 '예수'라는 이름을 가진 자가 20명이나 있을 만큼 평범한 이름이었다. 예수님은 인간을 구원하기 위해 가장 낮은 자로 오셨다. 겸손하게 오신 것이다.

'그리스도'라는 말은 '기름 부음을 받음'이라는 뜻으로 구약의 메시야를 나타낸다. 예수님은 구세주의 일을 완수하기 위해 하나님께서 구별하여 세우신 분이다. 예수님을 믿으면 예수님을 '주님'이라고 부른다. 이는 우리에게 구원을 주신 예수님이 우리의 소유권자가 된 것을 인정하는 것이다. 그리고 하늘과 땅의 모든 권세를 가지신 왕으로 인정하고, 우리는 죄로부터 자유를 누리는 종임을 인정하는 것이다. 생명까지 아낌없이 주신 하나님의 아들을 주인으로 모시고 산다면 가장 진하고 영원한 행복을 소유하게 될 것이다.

예수님께서는 사람들에게 자신을 소개했다. 이 세상 누구도 하지 못한 말을 하셨다.

"예수께서 이르시되 내가 곧 길이요 진리요 생명이니 나로 말미암지 않고는 아버지께로 올 자가 없느니라"(요 14:6).

예수님을 통하지 않고는 아무도 하나님 아버지의 자녀가 되지 못한
다는 말씀이다.

길

인생에게 있어서 중요한 것은 안내자이다. 확실한 안내자가 있어야 바른 길을 선택할 수 있기 때문이다. 인생은 바른 길을 선택해야 한다. 예수님은 자신이 하나님께로 인도하는 길이 된다고 하셨다. H.D 솔로는 이렇게 말했다. "대개의 사람은 침묵 가운데 절망적인 인생을 보낸다."

많은 사람들이 왜 그렇게 불행하고 불운한 사태에 직면하게 되는가를 알지 못해 갈팡질팡한다. 나름대로의 돌파구를 찾고 도피하고 대결하기도 한다.

인생은 참으로 약한 존재이다. 티끌 같은 존재요, 그림자, 안개, 풀과 같은 존재이다. 이처럼 연약한 인생에게 가장 기쁜 소식은 하나님과 깊은 관계를 맺고 살 수 있다는 소식이다. 하나님과 교제하며 살 수 있는 특권을 가진 존재가 바로 인간이다. 그러므로 약한 존재이지만 가장 강한 존재로 살 수가 있다. 하나님과 바른 관계를 맺고 산다면 인생의 결과는 반드시 아름답게 끝난다.

요셉은 하나님과의 바른 관계를 유지하기 위해 참으로 많은 어려움을 겪었다. 그의 인생은 내리막길로 가고 있었다. 끝없이 추락하는 것처럼 보였지만 알고 보니 요셉이 가는 길은 추락하는 낭떠러지가 아니라 높은 하늘을 향해서 비상하고 있었다. 하나님과 바른 관계를 맺고 사는 것 때문에 내리막길로 가고 있다면 분명 오르막을 오르고 있는

것이다.

인생이 크다고 우기는 것이 이 세상의 철학이라면, 인생은 작고 하나님이 크신 분임을 깨닫는 것이 복음이다.

스스로 길이 되셔서 죄인 된 사람들을 하나님께로 안내하는 예수님을 통해 하나님의 손을 잡으면 하나님께서는 우리를 자녀로 받아 주시고 삶을 아름답게 인도하실 것이다.

진리

페르시아의 다리오왕이 네 사람을 불러 이 세상에서 가장 강한 것이 무엇인지 물었더니 답변이 모두들 달랐다. 첫 번째 사람은 술이 세상에서 가장 강하다고 말하면서 술은 만민을 평등하게 하고 술을 먹으면 가난과 부귀 그리고 아픔을 다 잊게 하기 때문이라고 말했다. 두 번째 사람은 왕이 세상에서 가장 강한 분이라고 말했다. 왕의 명령에는 모든 사람이 다 복종하기 때문이라고 이유를 밝혔다. 세 번째 사람은 여자보다 강한 것은 없다고 했다. 그 이유는 왕을 비롯해서 어떤 훌륭한 사람도 여자가 낳을 뿐 아니라, 여자를 얻기 위해 가족이나 친구도 버리고 먼 곳을 마다않고 찾아가며, 어떤 경우는 죽기까지 하기 때문이라고 말했다. 네 번째 사람은 이 세상에서 가장 강한 것은 바로 진리라고 말했다. 술, 왕, 여자는 모두 없어지지만 진리는 영원히 존재하기 때문이라고 말했다.

진리는 시대사조나 사람들의 생각으로 변할 수 없다. 진리는 하나님께서 만드신 불변의 법칙이기 때문이다. 사람들은 스스로의 힘이나 인간의 노력으로 구원받을 수 있을 것으로 생각하지만 그것은 대단히 큰 착각이다. 구원의 진리는 인생을 창조하신 하나님께서 인간에게 알려주셨다. 하나님은 예수님을 유일한 구원자로 이 땅에 보내주셨다. 구원의 진리는 하나밖에 없다. 공자나 석가, 마호메트, 그 외에 수많은 종교의 창시자들도 자신을 진리라고 말하지 못했다. 그러나 예수님은 자신이 진리라고 말씀하셨다.

> "내가 곧 길이요 진리요 생명이니 나로 말미암지 않고는 아버지께로 올 자가 없느니라" (요 14:6).

진리를 발견하고 진리를 자신의 것으로 소유한 자만이 진정한 자유와 평안을 누릴 수 있다.

> "진리를 알지니 진리가 너희를 자유롭게 하리라" (요 8:32).

예수 그리스도를 믿으면 모든 죄를 용서 받고 살아 계신 하나님을 만나게 되어 인생의 모든 문제를 해결 받게 된다. 하나님은 오늘도 당신을 진리 가운데로 부르고 계신다.

> "하나님은 모든 사람이 구원을 받으며 진리를 아는 데에 이르기를 원하시느니라" (딤전 2:4).

생명

2000년 8월 8일 쌍둥이로 태어난 영국의 조디와 메리는 몸이 붙어 있는 상태로 세상에 태어났다. 조디는 허파와 심장을 가졌지만 메리는 조디의 심장과 허파를 이용해서 생명을 연장하고 있었다. 의사들은 아이들을 분리하지 않으면 석 달 안에 둘 다 죽게 될 것이라며 분리 수술을 요구했다. 그러나 부모들은 반대했고, 법원에서 두 아이의 분리를 판결했다. 20시간의 마라톤 수술 끝에 분리에 성공했지만 조디의 심장을 빌어 생명을 유지하던 메리는 혈액 공급이 차단되어 숨지고 말았다.

사람에게 생명은 참으로 귀하다. 인간이 생명을 위해 할 수 있는 일은 너무나 미약하다. 태어날 때부터 건강한 아이가 있는가 하면, 장애를 안고 태어나 평생 고통을 당하는 경우도 있다. 생명의 신비는 오묘하다. 생명은 전적으로 하나님의 선물이다. 살아 있다는 것 자체가 하나님께서 주신 최고의 선물인 생명의 복을 누리고 있는 것이다.

다윗은 이미 태에 있을 때 하나님께서 자신의 오장육부를 만들어 주셨다고 고백하면서 주님이 하신 일이 하도 신기하고 오묘해서 하나님을 찬양하지 않을 수 없다고 고백하고 있다. 건강하게 태어나고 정상적인 삶을 살 수 있다는 것 하나만 가지고도 감사해야 한다.

한때 불교를 국교로 하는 나라가 떠들썩했던 적이 있다. 석가모니의 뼈를 발견했다는 것 때문이다. 이 뼈들은 수백만 사람들의 경의 속에 시가행렬을 하였고 많은 불교 신도들은 그 뼈 앞에 무릎을 꿇고 감격해 했다.

만약 예수 그리스도의 뼈가 단 하나라도 발견되었다면 기독교는 존재할 아무런 이유가 없다. 예수 그리스도는 부활하여 지금도 살아계신 분이다. 죽어서 아무런 힘도 없는 뼈를 향해 열광한다면 살아계신 주님을 향하여는 어떤 태도를 취해야 할까?

오래 전 러시아에 간 적이 있다. 모스크바의 붉은 광장 지하실에 레닌의 시신이 있었다. 잘 보관된 레닌의 시신을 보기 위해 수많은 사람들이 오가는 것을 보았다. 죽은 자는 말이 없다. 아무것도 할 수 없다. 그리고 미래를 위해서는 정말 아무것도 할 수 없는 미이라에 불과하다.

그런데 예수님은 자신을 '생명'이라고 소개하셨다. 예수님을 믿는 사람은 누구나 할 것 없이 부활하신 주님으로부터 영원한 생명을 얻는다. 살아있다는 감격도 대단한데 영원히 산다는 약속을 받은 자의 감격은 얼마나 대단할까?

"예수께서 이르시되 나는 부활이요 생명이니 나를 믿는 자는 죽어도 살겠고" 요한복음 11장 25절 말씀이다.

영원한 생명을 얻는다면 잠깐 동안 누릴 부귀영화와 어찌 비교할 수 있겠는가?

빛

진해에 가면 이승만 대통령이 별장으로 사용했던 오래된 집이 있다. 그 집에는 '종가시나무'라는 나무가 있는데 그 나무는 햇빛을 향해서만 뻗어 있다. 햇빛의 반대 방향에는 건물이 서 있는데 건물 쪽으로는 전혀 성장하지 못했음을 볼 수 있다. 바닷가에 있는 소나무 역시 햇빛 쪽으로 가지를 힘 있게 쭉 뻗고 있는 것을 볼 수 있다.

햇빛은 식물을 건강하게 자라게 하는 역할을 한다. 식물이 빛을 보고 뻗어가듯이 사람도 빛을 향해 나아가야 한다. 그래야 건강하다. 빛보다 어둠을 좋아하면 아프고 고통스럽고 혼란에 빠진다. 빛이 없으면 방향감각을 상실한다. 그리고 죽음 앞에서까지 허둥댄다. 빛은 안내자이다. 빛은 목적지를 향해 달리게 하는 힘이 있다. 생명을 가진 식물이 빛을 받아야 산다면 인생은 더더욱 빛이 중요한 것이다.

빛을 따라서 살아야 하는 것이 인생이다. 그런데 무엇을 빛으로 삼느냐에 따라 인생이 달라진다. 돈을 빛으로 여기는 사람이 있고, 명예나 지식을 빛으로 여기며 사는 사람도 있다. 그러나 그것은 빛이 아니다. 사람은 자연계의 태양처럼 사라지지 않는 빛을 따라서 살아야 한다. 그 빛은 바로 예수 그리스도이다. 이 세상은 빛과 어두움의 싸움이다. 빛을 따라가면 어두움은 아무런 문제가 되지 않는다.

요한복음 8장 12절 말씀을 기억하자.

"예수께서 또한 말씀하여 이르시되 나는 세상의 빛이니 나를 따르는 자는 어두움에 다니지 아니하고 생명의 빛을 얻으리라."

십자가

오늘날 사람들이 십자가를 미화시키고 환상적으로 표현하지만, 예수님 당시에는 십자가 이야기만 들어도 얼굴을 돌릴 수밖에 없는 비참함과 추악함의 상징이었다.

세로기둥에 발을 나란히 모은 상태에서 복사뼈 바로 밑에다 대못을 박게 되는데, 굵고 울퉁불퉁한 대못은 두 발의 복사뼈를 관통한 다음 나무에 깊이 박히게 된다. 그런 후 죄수의 상체를 비틀어서 바로 눕힌 다음에는 끈으로 양팔목을 가름대에 묶고 양손의 손목뼈 사이에 못을 박는다. 흔히들 손바닥에 못을 박는 것으로 아는데, 그렇게 되면 체중과 중력으로 인해서 손이 두 갈래로 찢어지게 된다고 한다. 이렇게 한 다음 십자가를 세워 고정시킨다. 상체가 뒤틀린 상태로 십자가에 못 박힌 죄수는 대단한 통증을 느끼지만 그렇다고 해서 쉽게 죽지는 않는다. 낮에는 뜨거운 땡볕과 밤에는 싸늘한 추위를 견뎌야 하고, 때로는 날짐승의 공격을 받으며 고통 중에서 서서히 죽게 내버려 둔다.

F.G 리히터라는 박사가 십자가형의 육체적인 고통을 이렇게 표현하고 있다.

"부자연스러운 자세나 육체적인 긴장은 모든 동작에 고통을 준다. 못이 박혀진 손 부분은 신경이 예민하고 몹시 아픔을 느끼기 쉬운 곳이므로 움직일 때마다 극심한 고통을 준다. 못의 상처와 채찍에 맞은 자국은 곧 염증을 일으키고 몸이 썩어 들어가는 괴저현상까지 일으킨다. 신체의 위치가 피의 순환을 방해하고 고통을 일으키며, 육체의 긴장은 죽음 자체보다도 더욱 견디기 어려운 것이다.

십자가의 고뇌는 최악의 고뇌요 그것은 순간순간 괴로움이 증가하는 긴 고통이다. 뿐만 아니라 십자가 형벌은 즉시로 타는 듯한 갈증을 사형수에게 가중시킨다."

한 마디로 인간이 상상해 낼 수 있는 가장 심한 형벌이라는 말이다. 참고로 예수님은 서른아홉 번의 채찍질을 당했다고 기록되어 있으며 너무 많은 피를 흘려 하루를 못 넘기고 숨을 거두셨다. 이런 상황으로 볼 때, 십자가형을 받는 죄수는 가능하면 빨리 죽는 것이 간절한 소망일 것이다. 그러기에 죄인의 가족이나 친구들은 죄수 옆에 있는 병사들에게 죽음으로 가는 급행료 등을 내어 빨리 죽을 수 있도록 선처를 바란다고 한다.

　예수님은 인간의 죄 때문에 십자가에서 돌아가셨기에 예수님의 죽음은 바로 죄인인 나의 죽음이다. 왜 그렇게 끔찍한 십자가에서 돌아가셨을까? 하나님은 십자가 처형을 통해 적어도 두 가지 메시지를 주셨다.

　첫째는 죄의 비참한 결과에 대한 경고이다. 죄의 결과가 얼마나 비참함을 알려주셨다. 십자가의 고통을 통해 지옥의 고통을 미리 보여주신 것이기도 하다. 영원한 지옥의 고통은 반드시 피해야 한다.

　두 번째로는 지극하신 하나님의 사랑을 보여주신 것이다. 인간의 죄값을 대신 지불하고 형벌의 고통을 당하고 있는 예수님이 하나님의 아들이시라는 것은 하나님 자신을 주신 것 이상으로 인간을 사랑하심을 보여 주셨다. 하나님의 사랑은 세상이 받아 줄 수 없는 죄까지도 녹여주며, 해결할 수 없는 그 어떤 문제도 해결할 수 있는 가장 큰 힘을 가지고 있는 것이다.

부활

　예수님의 부활은 십자가 고난의 결과이다. 예수님께서 자신을 포기하고 십자가에서 당한 치욕과 고통의 결과로 얻은 것이 부활이다. 부활은 예수님 자신만의 부활이 아니라 믿는 자들 모두에게 주신 최고의 축복이다. 죽음이 끝인 줄 알고 달리는 인생에게 부활은 영원한 소망이며 승리인 것이다. 그러므로 부활은 하나님이 예수 그리스도를 통해 인간에게 주신 최고의 선물이다. 죄로 인해 죽음의 심판대 앞에서 두려워해야 할 인간이 예수님의 부활로 인해 영원한 축복의 장소인 천국으로 들어가게 되었으니 말이다.

예수님께서 십자가에서 죽으신 것이 바로 나의 죄 때문임을 믿는다면 부활의 축복까지 소유할 수 있기에 영원히 가장 행복한 사람이 될 수 있다.

십자가와 부활은 동전의 앞뒤와 같다. 인생은 죽음으로 끝나는 존재가 아니다. 영원히 살 존재이다. 죄 문제가 해결되면 죽음도 예수님의 부활 앞에 굴복하게 되는 것이다. 무에서 유를 창조하신 하나님이시기에 죽은 자를 살리는 부활은 문제가 되지 않는다.

부활의 문을 통하면 누구나 하나님의 경이로움을 경험할 수 있다. 이별은 죽음의 예고편이고 재회는 부활의 예고편이라고 말해도 좋을 것이다.

"예수께서 가라사대 나는 부활이요 생명이니 나를 믿는 자는 죽어도 살겠고" (요:11:25).

자유

사람들은 자유를 원한다. 자유를 얻기 위해서 생명을 걸고 투쟁하기도 한다. 그러나 사람에게 가장 중요한 자유는 죄로부터의 자유이다. 죄를 마음에 품고 사는 자는 자유를 누릴 수 없다. 죄로부터 자유로운 사람은 두 가지 복을 누린다.

첫 번째는 내면의 자유이다. 내면의 자유를 누리는 사람의 마음에는 평안과 기쁨이 있다. 두 번째, 죄에 대한 심판을 벗어난 사람은 감사의 마음을 가지고 있기에 긍정적인 자세로 살게 된다.

두 가지 사건을 통해 살펴보자.

미국 원주민들은 백인들이 미국으로 이주해 올 때 자신의 삶터에서 쫓겨났고 피를 흘리며 죽어갔다. 미국 동부해안에서 서부해안으로 이주하는 원주민들의 마음에는 원한과 분노가 쌓였다. 이런 상처를 마음에 안고 태어난 원주민 여자아이가 있었다. 그 이름은 펀 노블로 알코올 중독과 가정에서의 박해로 외로움 가운데 지냈다. 그가 1970년 2월 3일에 예수님을 믿게 되었다. 예수님을 믿은 후 그녀는 알코올 중독에서 벗어나 완전히 자유하게 되었다.

예수님을 믿은 후 그녀가 시작한 사역 중에 하나가 미국인에 대한 용서와 화해의 사역이었다. 용서와 화해가 필요한 지역에 가서 기도행진을 한 것이다. 서부해안에서는 40일간 800마일을 걸으며 용서와 화해의 기도를 했고, 동부해안에서는 47일간 850마일을 걸으며 기도했다. 펀 노블은 함께 여행한 원주민들이 용서를 고백할 수 있도록 도와주었다. 미움과 증오의 쓴 뿌리를 뽑아낸 것이다. 분노와 미움으로부터 자유를 얻은 것이다. 그들은 더 이상 미움의 사슬에 얽매여 있을 필요가 없게 되었다.

노예 해방 전 미국의 뉴올리언스 노예시장에서 아름다운 흑인 혼혈소녀가 경매에 붙여졌다. 경매자들은 평소처럼 입찰을 하고 있었다. 군중 속에 있던 한 신사가 소녀를 1,450달러에 샀다. 이 사람은 북부에서 온 사람으로 그 소녀를 집으로 데려왔다. 소녀는 이 사람이 싫었지만 슬픈 목소리로 말했다. "나는 당신과 함께 갈 준비가 되어 있습니다." 그러자 그 사람은 소녀에게 증서를 주면서 이렇게 말했다. "난 당신과 함께 가길 원하지 않아요. 나는 당신을 자유롭게 해주기 위해 당신을 산 것이요. 이걸 보시오. 자유를 보장하는 증서요." 이 소녀는 감격하여 울먹이며 말했다. "제가 정말 자유인인가요? 제가 원하는 대로 할 수 있나요? 그렇다면 남은 생애를 선생님을 위해 섬길 수 있도록 해 주세요." 이 소녀는 자유롭게 살면서 주인을 위해 한 평생을 감사한 마음으로 성실히 섬겼다고 한다.

예수님을 믿는 순간 죄의 노예였던 우리에게 참 자유가 주어진다. 자유 안에서 기쁨과 소망을 가지고 살게 된다.
"그러므로 아들이 너희를 자유롭게 하면 너희가 참으로 자유로우리라" 요한복음 8장 36절 말씀이다. 우리는 죄로부터 해방되었다. 이제는 죄의 노예가 아니다. 주님께서 인정해 주시는 자유인이 된 것이다.

"아들을 낳으리니 이름을 예수라 하라 이는 그가 자기 백성을 그들의 죄에서 구원할 자이심이라 하니라" (마 1:21).
"시몬 베드로가 대답하여 이르되 주는 그리스도시요 살아 계신 하나님의 아들이시니이다" (마 16:16).
"그런데 그리스도께서는 우리가 아직 죄인이었을 때에 우리를 위해 죽으셨습니다. 이것으로써 하나님께서는 우리를 향한 그분의 사랑을 나타내셨습니다" (롬 5:8, 쉬운).
"그러나 누구든지 그분을 영접하는 사람들, 그분의 이름을 믿는 사람들에게는 하나님의 자녀가 되는 자격을 주셨습니다"(요 1:12, 쉬운).

08

구원은 공짜 선물이다

8

구원은 공짜 선물이다

바울이라는 믿음의 사람은 "모든 사람이 죄를 범했다" "의인은 하나도 없다"고 했다. 햇빛 아래서는 아무리 작은 먼지라도 볼 수 있듯이 하나님 앞에서 모든 사람은 죄인이다. 그렇다면 죄 문제를 어떻게 해결해야 할까? 그 해결책은 심판자인 하나님만이 가지고 계신다. 하나님께서 보내주신 구원자를 통해 하나님과의 관계가 회복되도록 해 주신 것이다. 당신이 구원받는 주인공이 되기를 바란다.

"그리스도는 우리의 지옥을 취하셔서, 우리가 그분의 천국을 취할 수 있게 하셨다" (도널드 그레이 반 하우스, 신학자)
"죄를 아는 것이 구원의 시작이다." (에피쿠로스, 철학자)
"누구도 자기의 구원 문제를 남에게 양도할 권리가 없다." (토마스 제퍼슨)

론 L. 브링커호프에 의해 만들어진 〈가디언〉이라는 영화는 해상구조대원들의 감동적인 삶을 구체적인 모습으로 펼치고 있다. 해상구조대의 전설적인 구조대원 벤 랜달은 알래스카주 베링해에서 구조임무 중 폭풍우를 만났다. 그 속에서 헬기를 탄 동료대원들이 전원 사망하고 혼자 살아남았다. 그 후 큰 상심에 잠겨 일선에서 물러나 일급 해상 구조대원을 양성하는 A 스쿨에서 훈련생들을 가르쳤다. 벤의 훈련생 가운데 고교 때 수영 챔피언이었던 제이크 피셔는 벤의 혹독한 훈련과정 속에서도 점점 동화되어 둘 사이에는 의리와 동료애가 싹텄다.

훈련학교를 마친 제이크는 벤과 함께 알래스카주 베링해에서 해상구조 임무를 펼쳤다. 체력의 한계로 구조대에서 은퇴한 벤은 이후 베링해의 거친 파도 속에서 침몰한 배의 선원을 구조하던 중 위기에 처한 제이크를 구하기 위해 자원해서 나섰다. 벤은 위기의 제이크를 구하고 헬리콥터 밧줄에 함께 구조되던 중 두 사람의 몸무게를 지탱하지 못하고 끊어져가는 로프를 보며 제이크를 살리기 위해 스스로 자신의 안전벨트 로프를 끊고 바다에 빠지므로 순직하여 해상구조대의 영원한 전설로 남게 되었다.

사람이 영원한 지옥으로 떨어지는 것을 막기 위해 예수님께서 우리를 대신하여 지옥의 고통을 당하신 사건이 바로 십자가 사건이다. 사람이 이 땅에서 반드시 해결해야 할 죄 문제를 예수님의 십자가로 해결해 주신 것이다.

구원은 하나님께서 계획하시고 주관하시기에 하나님의 뜻에 따라야 한다. 특별하거나 기발한 인간의 방법이 채택되는 것이 아니다. 죄값을 반드시 치러야 구원을 받게 된다. 인간의 죄값을 대신 치르신 예수님을 구원의 주로 인정하고 마음에 주인으로 영접할 때 구원을 받게 된다.

오늘도 인간의 방법인 노력이나 선행을 통해 구원을 받으려는 자들이 있다. 그러나 구원은 하나님이 계획하시고, 예수님이 인간의 죄를 대신 짊어지고 십자가에 못박혀 돌아가신 측량할 수 없는 사랑을 베푸시므로 죄인들에게 주신 값진 선물이다.

구원과 사랑

나이아가라 폭포에는 다음과 같은 전설이 있다.
오래 전 폭포 주위에 살던 인디언들은 해마다 폭포의 신에게 제물을 바쳤다. 달빛이 환하게 비치는 밤에 폭포의 안개 위에 나타나는 무지개를 신으로 믿은 것이다.
제물이 될 소녀를 제비로 뽑았는데 한 번은 추장의 딸이 제비에 뽑혔다. 추장은 사랑하는 아내가 죽은 후에 오직 이 외동딸에게 정성과 사랑을 쏟아왔는데 딸이 제물이 된 것이다. 드디어 딸을 제물로 보내는 날이 되었다. 딸을 배에 태워 나이아가라 폭포를 향해 출발시켰다. 그런데 추장의 모습이 보이지 않았다. 배에 올라탄 추장의 딸은 두려워하며 아빠를 찾았지만 아빠는 보이지 않았고 배는 나이아가라 폭포를 향해 미끄러져 내려가기 시작했다. 이때 수풀 속에서 배 한 척이 다가왔다. 거기에는 추장이 타고 있었다. 추장은 배를 저어 어린 딸에게 가까이 가서 손을 꼭 잡아 주었다. 딸과 아빠는 손을 꼭 쥔 채로 나이아가라폭포 속으로 사라져갔다.
하나님께서 예수님을 제물로 삼아 십자가에 못 박아 죽이신 것은 하나님 자신도 함께 죽으신 것과 같다. 이 세상에는 하나님의 사랑을 누리며 사는 자와 그 사랑에 무관심하고 거부하는 두 종류의 사람이 있다. 자녀가 아버지의 손을 잡으며 짐스럽게 여기지 않듯이 하나님의 손은 결코 짐스럽지 않다. 오늘도 하나님은 당신을 향해 손을 내밀고 계신다.

구원과 믿음

우물 속에 빠진 가련한 강아지가 큰 소리로 울부짖고 있었다. 마침 우물곁을 지나던 신사가 두레박을 우물속으로 내려보냈다. 다행히 강아지는 물속에는 빠지지 않고 돌출된 돌 위에 간신이 의지하고 있었다. 강아지는 작은 앞발로 두레박을 만지다가는 발을 거두고 절망적으로 몇 번이고 울어댈 뿐이었다. 강아지는 자기를 구원해 줄 두레박을 신뢰할 수 없었던 모양이다. 강아지의 처절한 울음소리는 신사의 마음을 아프게 하였다. 계속해서 두레박 위로 올라오라는 사인을 보냈지만 한동안 그대로 버티고 있었다. 강아지는 차츰 힘이 빠지면서 물속으로 계속해서 빠져갔다. 마침내 지쳐버린 강아지는 어쩔 수 없다는 듯이 두레박 속으로 뛰어들었다. 신사는 두레박을 끌어올려 땅위로 내려 주었다.

오늘날 많은 사람들이 하나님께서 제시한 구원의 방법을 신뢰하지 못하고 자신의 방법을 고수하고 있다. 그러다가 자신의 노력이 소용없다는 사실을 깨달으면 비로소 하나님을 부르고 하나님의 방법에 자신을 맡긴다. 구원은 예수님께서 내 죄 때문에 죽으시고 부활하셨다는 사실을 믿는 믿음으로만 받을 수 있는 것이다.

"네가 만일 네 입으로 예수를 주로 시인하며 또 하나님께서 그를 죽은 자 가운데서 살리신 것을 네 마음에 믿으면 구원을 받으리라" 로마서 10장 9절 말씀을 기억하자.

구원과 행위

대부분의 사람은 자신의 선행이나 수양으로 구원받을 수 있다고 생각한다. 그래서 자신이 지은 죄를 선행을 통해 갚으려는 마음을 가지고 있다. 과연 그럴까? 어떤 사람이 친구를 미워하여 때려서 죽이고 말았다. 죽인 후 너무 후회가 되어 고민하며 괴로워했다. 멀리 도망을 가다가 잠시 바닷가에 머물렀는데 때마침 낚시를 하다가 물에 빠진 사람을 발견했다. 살려달라고 외치는 사람을 살리기 위해 바다 속으로 뛰어들었다. 그리고 그 사람을 물 밖으로 꺼내서 인공호흡을 통해 살렸다. 그는 한 사람은 죽이고 한 사람은 살린 것이다. 과연 이 사람의 살인죄는 어떻게 될까? 이 질문에 당연히 "그래도 죄 값은 받아야지요" 라고 말할 것이다. 그렇다. 아무리 선한 일을 해도 지은 죄에 대한 대가는 받아야 한다. 그러므로 법을 잘 지킨 행위 자체가 사람을 의롭게 해 주는 것이 아님을 기억해야 한다. 성경에 이런 말씀이 있다. "그러므로 율법의 행위로 그의 앞에 의롭다 하심을 얻을 육체가 없나니 율법으로는 죄를 깨달음이니라" (롬 3:20).

미국 켄터키주에 헤이즐 페리스라는 사람이 있었다. 이 사람은 아들의 버릇을 고치기 위해 노력하던 중 한 가지 방법을 생각했다. 아들이 나쁜 짓을 할 때마다 못을 하나씩 문설주에 박았다. 얼마가지 않아 문설주가 흉한 모습이 되었다. 총총 박힌 못은 살벌하기까지 했다. 페리스는 아들을 불러서 말했다. "보기가 얼마나 흉하니? 앞으로 착한 일을 할 때마다 못을 하나씩 뽑아주마" 아들은 못을 뽑기 위해 열심히 착한 일을 했고 얼마 후 못은 모두 뽑혔다. 그런데 흉한 못자국은 여전히 그대로 남아 있었다. 이처럼 죄의 흔적은 지울 수가 없다. 아무리 선행을 해도 해결되지 않는다. 죄 문제를 해결하는 방법은 단 한 가지 밖에 없다. 죄값을 받아야 한다. 하나님은 그 죄 값을 누군가 대신 받도록 하셨다. 바로 예수님이시다 예수님이 내 대신 죄 값을 받으신 것을 믿어야 한다. 이처럼 하나님께서 구원자를 보내시고 구원의 길을 알려주신 것이다. 그 길이 예수님이다. 다시 말해 구원의 길은 선행이 아니라 예수님을 믿는 믿음인 것이다.

처음으로 광부가 된 사람이 오래된 선배 광부에게 질문을 했다. "이 탄광을 나가려면 어떻게 합니까?" 그러자 오래된 광부가 "그거야 승강기를 타고 올라가면 되지요." "위에 까지 올라가는 데는 얼마나 걸립니까?" "5분밖에 안 걸립니다." "저는 애쓸 필요가 없군요." "맞습니다. 당신은 그냥 타고 있으면 됩니다." "그러나 처음에 이 탄광을 파고 이만한 장치를 한 사람은 힘도 들고 돈도 많이 들었겠네요." "그거야 그렇지요. 우리는 지금 지하 700m 아래에 있지요." "주인은 이런 승강기를 설치하기 위해 많은 돈을 투자했겠군요." "네, 옳은 말씀입니다."

광부는 자신의 힘으로 그 굴을 빠져 나올 수 없다. 오직 주인이 만든 승강기에 타야 한다. 승강기 버튼을 누르면 구원받을 수 있다.

인간의 구원도 이와 같다. 하나님은 인생의 주인이시다.

하나님은 인간을 구원하기 위해 엄청난 대가를 지불했고 우리는 단지 예수님을 믿기만 하면 구원을 받는다. 멸망과 사망의 굴에서 우리를 구원해 내기 위해 하나님은 독생자 예수님을 우리 대신 죄 값을 받는 희생양으로 삼으신 것이다.

사람들은 구원의 가치를 우습게 여긴다. 구원을 쉽게 받는다는 것 때문에 가치를 평가 절하하는 경우가 있다. 예수님을 믿기만 하면 구원을 받을 수 있다는 것이 너무 쉽다는 생각 때문에 선행을 곁들여야만 구원을 받을 수 있을 것이라고 생각하면 큰 오산이다. 하나님이 인간에게 제시하신 구원의 법칙은 쉽고 단순하지만 하나님이 지불하신 대가는 너무나 크다. 인간의 불완전한 행위로 구원받는 것이 아니라 오직 하나님이 제시하신 방법에 의해서만 구원을 받아 하나님이 주시는 행복과 천국을 소유하게 된다.

> "하나님이 세상을 이처럼 사랑하사 독생자를 주셨으니 이는 그를 믿는 자마다 멸망하지 않고 영생을 얻게 하려 하심이라" (요 3:16).

구원과 선물

어떤 가난한 여인이 왕궁에 있는 아름다운 꽃을 아픈 딸에게 선물하려고 왕궁의 정원사에게 왕궁에서 자란 아름다운 꽃을 팔라고 요구했다. 이 말을 들은 정원사는 매우 화를 내며 여인을 쫓아냈다. "왕궁 안의 꽃은 팔기 위한 꽃이 아닙니다." 그때 정원을 지나던 왕이 우연히 이 광경을 보고는 여인에게 말했다. "왕궁 안의 꽃은 결코 팔지는 않지만 선물로 줄 수가 있네!"

이처럼 하나님은 인간에게 주시는 최고의 은혜인 구원을 결코 어떤 대가를 받고 팔지 않으신다. 하나님의 사랑이 가득 담긴 선물로 주실 뿐이다. 구원은 예수 그리스도를 믿는 자에게는 값없이 공짜로 주시는 것이다. 공짜 선물 속에 담겨진 엄청난 사랑과 희생을 안다면 하나님께서 주시는 선물을 받지 않을 수 없다. 하나님의 선물 속에는 우리를 너무나 사랑하셔서 대신 당하신 예수님의 십자가의 고통과 죽음, 그리고 부활의 축복이 고스란히 들어 있는 것이다.

"너희는 그 은혜에 의하여 믿음으로 말미암아 구원을 받았으니 이것은 너희에게서 난 것이 아니요 하나님의 선물이라 행위에서 난 것이 아니니 이는 누구든지 자랑하지 못하게 함이라"(엡 2:8-9).

석가, 공자, 예수와 구원

어떤 청년이 바다에 빠져서 허우적거리고 있었다. 그가 물속에서 허우적거리며 신음하고 있을 때 한 사람이 다가와서 내려다보며 말했다. "전생의 업이니 체념하게." 그는 석가였다. 얼마 후 다른 사람이 그에게 다가와 연민의 정이 담긴 눈으로 내려다보며 "내가 이곳으로 오지 말라고 그렇게 당부했는데 왜 이곳으로 왔는가?"라고 말하고는 자기의 길로 가버렸다. 그는 공자였다. 구원받기를 단념한 채 물속으로 빠져가면서 저편에서 다가오는 한 사람에게 살려 달라고 마지막 힘을 다해 외쳤다. 그 사람은 즉시 물속으로 뛰어들었고 힘을 다해 청년을 구해주었다. 그러나 그가 대신 물속에서 죽고 말았다. 그는 예수였다.

예수님은 사람을 죄와 불행으로부터 구원하기 위해 오셨다. 문제는 오늘날 많은 사람들이 자신에게 구원이 필요하다는 사실을 결정적인 계기가 오기까지는 인정하지 않으려는데 있다. 하나님이 보내신 구원자이신 예수님의 손을 외면하면 인간의 수준인 절망의 한계를 벗어나지 못하고 주어진 시간을 허비하고 말 것이다.

"예수님 외에는, 다른 어떤 이에게서도 구원을 받을 수 없습니다. 하나님께서는 온 세상에 우리가 구원 받을 만한 다른 이름을 주신 적이 없습니다"(행 4:12, 쉬운).
"사람이 의롭게 되는 것은 율법의 행위로 말미암음이 아니요 오직 예수 그리스도를 믿음으로 말미암는 줄 알므로 우리도 그리스도 예수를 믿나니 이는 우리가 율법의 행위로써가 아니고 그리스도를 믿음으로써 의롭다 함을 얻으려 함이라 율법의 행위로써는 의롭다 함을 얻을 육체가 없느니라"(갈 2:16).

고귀한 동행 이야기 4

장사를 하시던 부모님 덕에 저를 비롯한 형제들은 유년시절 할머니 손에서 자랐습니다. 유교와 샤머니즘의 신앙을 가진 할머니의 영향을 받아 산에 있는 산당이나 친분이 있는 무당집에 자주 가곤 했습니다. 그래서인지 단 한 번도 교회에 가본적도 없었고 맛난 것을 준다는 크리스마스에도 단 한 번도 가본 적이 없었습니다. 자연스럽게 저는 지역에 있는 불교 학교에 갔고 더욱 교회와는 거리가 멀어졌습니다.

장사를 하시던 부모님도 교회와는 거리가 멀었고 매일 칼을 써야 하는 일을 하셨던 부모님의 성격도 늘 날카로웠습니다. 물론 아버지와 어머니는 늘 다투셨고 아버지는 매일 술을 드셨습니다. 이런 와중에 방황도 많이 했고 왜 나에게만 이런 일이 있어야 하냐고 스스로 자문하며 조상 덕이 없어서 그런가보다 라고 늘 생각했습니다. 저는 군 훈련소에서 스님들이 받는 법명도 얻었기에 더 이상 교회와는 아무런 상관이 없다고 생각했습니다. 사회에 나와서 함께 일하는 동료가 교회 이야기를 꺼내면 생난리를 치고 다시는 그런 이야기는 하지도 말라고 엄포를 놓았습니다.

그러던 중 지금의 아내를 만나고 믿음이 좋았던 처가에서는 교회를 다니지 않으면 승낙하지 않겠다고 해서 결국엔 교회를 다니는 척하며 결혼을 했고, 결혼 후 아내는 내가 교회에 가지 않는다는 이유로 늘 힘들어했습니다. 결혼이 목적이었던 저는 결혼을 하고는 교회와는 담을 쌓기 시작했습니다. 아내와 자녀들은 교회로, 저는 낚시터로 서로 손을 흔들며 서로 다른 길을 갔습니다. 아내는 이런 나를 위해 기도했고 그럴수록 저는 점점 더 피해갔습니다.

그러던 중 회사에 큰 어려움이 있어서 많은 동료가 회사를 떠나게 되었습니다. 사람 만나는것 좋아하고 어울리는 것 좋아했던 나였지만 서로를 배신하고 서로를 갈라놓았던 그 사건 후로 나에겐 대인 기피증도 생기고 사람을 잘 믿지도 않게 되었습니다. 또한 큰 자녀가 희귀병에 걸리게 되었고 가정은 점점 어려워졌습니다. 나 자신만 의지하고 내 생각대로 살던 제가 비로소 제 능력의 한계를 인정하고 하나님 앞에 회개하고 예수님을 영접하고 믿음의 삶을 살기로 결단했습니다.

하나님은 자녀들이 믿음 안에서 잘 자라도록 도와 주셨고, 희귀병을 앓던 큰 아이도 교회 성도들의 기도로 하나님께서 치료해주셔서 완치가 된 것은 저희 가정에 주신 가장 큰 기적입니다. 나와는 아무런 상관도 없다고 생각했던 하나님께서 언제나 나를 지켜주셨다는 것을 시간이 지나면서 알게 되었습니다.

예수님을 알기 전에는 못되고 세상에 만족하고 돈이면 모든 것이 해결될 줄 알았는데 지금은 아무것도 없어도 늘 행복합니다. 회사 동료들도 저만 보면 늘 즐거워 보인다고 합니다. 가정도 너무도 행복합니다. 아직은 잘하지 못하고 때로는 어리숙해 보여도 아이들의 아빠로 한 여자의 남편으로 이 땅에서의 천국을 느끼고 있습니다. 자꾸만 미루고 지체했던 시간들이 안타깝고, 지금 생각해 보면 조금 더 일찍 예수님을 알았더라면 하는 아쉬움도 있지만 하나님께서는 가장 필요한 시간에 저를 교회로 인도해 주셨다고 믿습니다.

지금까지 알게 모르게 동행해 주시며 인도해 주신 하나님께 감사를 드립니다.

09

믿음은 사람의 능력이 끝나는 곳에서 시작된다

9

믿음은 사람의 능력이 끝나는 곳에서 시작된다

사람은 자신의 노력이나 힘을 의지해서 문제를 해결할 수 있다고 생각한다. 특히 죄에 대해서도 노력이나 공로를 통해 해결할 수 있다고 생각한다. 그러나 지은 죄는 노력으로 해결할 수 없다. 이 땅의 모든 종교가 인간의 노력으로 죄 문제를 해결할 수 있다고 가르친다. 그러나 한 번 지은 죄에 대해서는 죄의 대가를 받는 길 외에는 해결 방법이 없다. 이러한 인간의 죄 문제를 해결할 수 있는 분은 오직 하나님이시다. 하나님만이 해결자이심을 믿고 받아 들여야 한다. 그리고 하나님께서 보내주신 구원자인 예수님께서 행한 모든 것을 마음으로 받아들이고 입술로 시인해야 한다.

"믿음 안에 모든 가치 있는 행동의 비밀이 담겨 있다." (랄프 왈도 에머슨, 철학자)
"믿음은 사람의 능력이 끝나는 곳에서 시작된다." (조지 뮐러, 고아원 원장)
"믿음은 우리가 보지 못하는 것을 믿는 것이다. 이 믿음에 대한 상은 우리가 믿는 것을 보게 되는 것이다." (어거스틴, 신학자)

미국의 유명한 부흥사 무디가 믿음의 가치에 대해 이런 이야기를 했다.

한 아들이 아파서 죽어가고 있었다. 아버지는 아이의 이름을 부르면서 "내 아들이 죽다니"라며 통곡하고 있었다. 그때 아들이 아버지에게 "아버지 제 영혼을 위해 기도해 주세요."라고 말했지만 아버지는 그저 통곡할 뿐이었다. 하나님 없이 살던 이 아버지는 아무것도 해줄 수가 없었고 아이는 세상을 떠나고 말았다.
또 다른 아버지의 아들이 죽어가고 있었다. 이 아버지 역시 아들의 죽음을 보며 통곡했다. 그때 아들이 이렇게 말했다. "아버지 울지 마세요. 천국에 가면 저는 예수님께 '저의 아버지는 저를 예수님께 인도해 주시기 위해 무던히 애를 쓰셨답니다.' 라고 말하겠어요."

믿음을 가지고 사는 것은 엄청난 가치를 품고 사는 것이다. 믿음이란 예수님을 영접하는 것을 말한다. 예수 믿는 자와 믿지 않는 자 모두 외모는 비슷하다. 어떤 때는 믿지 않고 마음대로 사는 것이 훨씬 편하게 보일 때도 있지만 내용을 살펴보면 그 차이는 하늘과 땅의 차이가 난다.
예를 들어 전복이 여러 개가 있는데 한 개에 만 원씩 한다. 그런데 그 중 하나의 전복이 천만 원 하는 진주를 품고 있다면 다른 전복과는 비교가 되지 않을 것이다. 비록 진주를 품은 전복이 껍데기가 떨어지고 볼품이 없다고 해도 말이다.

지위나 명예, 물질이 없어도 믿음을 가진 자는 가장 가치 있는 인생이 되는 것이다.

인생 여행의 등급

세계적인 동화작가인 안데르센이 청년시절에 유명한 스웨덴의 여류소설가인 브레멘을 만나기 위해 여객선을 탔다. 그는 선장에게 자신의 여행 목적과 브레멘 여사를 만나러 간다는 사실을 말했다. 그러자 선장은 브레멘 여사는 외국여행을 떠나서 목적지에 도착한다고 해도 만날 수 없을 것이라고 말했다. 이 말을 들은 안데르센은 실망할 수밖에 없었다. 가난한 청년에게 뱃삯과 시간적인 손실이 너무 컸기 때문이었다. 그런데 얼마 후 선장이 헐레벌떡 달려와서 기적같은 일이 생겼다고 했다. 지금 이 배에 외국여행을 갔던 브레멘 여사가 타고 있다는 것이었다. 안데르센은 그것도 모르고 함께 배를 타고도 실망하고 있었던 것이다. 안데르센이 브레멘 여사를 만나 많은 도움을 받은 것은 말할 필요가 없다. 안데르센에게는 최고의 여행이 된 것이다.

인생을 여행이라고 말한다. 여행의 즐거움은 동행자가 누구냐에 따라 달라진다.

이전에 기차여행을 할 때의 일이다. 어떤 남자가 뒷자리에 앉아 혼자서 중얼거리고 있었다. 그 남자의 모습은 영락없는 거지였다. 옷은 오랫동안 세탁을 하지 않아서 그런지 얼룩져 있었고 머리와 얼굴은 때로 얼룩지고 시커먼 모습을 하고 있었다. 쉴 새 없이 떠드는 그 사람은 정상인이 아니라는 사실을 금방 알 수 있었다. 그 사람의 옆자리에는 누가 앉아 있는지 궁금하여 고개를 돌려 보니 40대 정도의 여자가 앉아 있었다. 아마 그 여자는 자기의 옆자리에 고약한 냄새를 풍기는 정신이상자가 앉을 것이라고는 생각하지 못했을 것이다. 그날 따라 기차가 만석이라 다른 자리로 옮기지도 못하고 앉아있는 그 여자가 측은해 보였다.

누가 내 옆자리에 앉는가에 따라 여행이 달라진다. 하나님은 인생의 영원한 동행자로 독생자 예수 그리스도를 이 땅에 보내셨다. 예수 믿는 순간 예수님은 우리와 함께 하신다. 우리 속에 거하면서 동고동락하시는 것이다.

예수님은 우리를 떠나 출장가시는 일이 결코 단 한 번도 없다. 언제나 함께 하신다.

> "볼지어다 내가 문 밖에 서서 두드리노니 누구든지 내 음성을 듣고 문을 열면 내가 그에게로 들어가 그와 더불어 먹고 그는 나와 더불어 먹으리라" (계 3:20).

예수님을 믿고도 주님이 함께 계심을 전혀 깨닫지 못하고 신앙생활을 하는 사람들이 생각보다 많다. 이런 경우는 기쁨과 평안과 확신 속에 살기 보다는 무겁고 어두운 삶을 살게 된다. 예수님은 우리와 함께 하시는 임마누엘의 주님이시다. 영원한 동행자이신 주님은 오늘도 우리와 함께 하신다.

> "보라 처녀가 잉태하여 아들을 낳을 것이요 그의 이름은 임마누엘이라 하리라 하셨으니 이를 번역한즉 하나님이 우리와 함께 계시다 함이라" (마 1:23).

진실 된 믿음

교회에 한 번도 안 가본 사람은 극히 드물다. 어릴 때 성탄절이나 행사 때 한 번 정도는 가본다. 어떤 경우는 교회를 오래 다니거나 직분을 받은 경험이 있는 자들도 있다. 그들은 교회나 믿음에 대해 다 아는 것처럼 말하며 비방하기도 한다.

〈셜록 홈즈〉라는 소설로 유명한 코난 도일이 배를 타고 여행을 하고 있었다. 그때 갑판에서 일하고 있던 한 선원이 하나님을 향해 욕을 퍼붓기 시작했다. 선실 안에 있던 코난 도일은 창문을 열고 그를 바라보고 있었다. 그 사람은 웃통을 벗고 있었고, 온몸은 문신으로 가득 차 있었다. 문신은 모두 기독교적인 내용으로 색깔이 멋있게 칠해진 큰 십자가와 가시면류관, 물고기 등으로 가득 차 있었다. 코난 도일은 이것을 예로 "오늘날 기독교는 문신을 가진 사람의 경우처럼 겨우 살갗 깊이 정도의 신앙 밖에 안 된다."고 꼬집었다.

교회 다니는 사람들 가운데는 짝퉁 교인도 많다. 겉으로는 그리스도인 같은데 내용은 전혀 그렇지 못한 경우도 많다. 이들을 성도라고 할 수 없다. 그저 표면적으로만 성도처럼 보일 뿐이다.

진정한 믿음이란 주님을 경험으로 아는 것이다. 믿는 자는 영생을 얻게 된다. 영생을 얻은 자의 특징에 대해 요한복음 17장 3절에서 말씀하고 있다. "영생은 곧 유일하신 참 하나님과 그의 보내신 자 예수 그리스도를 아는 것이니이다." 여기서 '안다' 는 단순한 지식을 넘어서 철저하게 인격적으로 아는 것을 말한다. 헬라어의 '기노스코'로 히브리어의 '야다'와 같은 의미로 성관계를 통해 구체적으로 경험하는 정도를 말하고 있다.

진실된 믿음은 지식을 넘어 하나님과 예수님을 경험적으로 알게 된다. 경험적으로 아는 사람은 결코 하나님을 가볍게 여길 수 없다. 살아계신 하나님으로 인정하고 입술을 통해 자신의 삶 속에 간섭하시고 인도하시는 하나님을 증거하게 된다. 진실 된 그리스도인의 특징은 자신이 경험한 하나님을 입술로 증거한다는 것이다. 하나님의 말씀을 행하면서 살아계신 하나님을 지식과 함께 경험적으로 더욱 깊이 알아가게 되는 것이다.

"오직 우리 주 곧 구주 예수 그리스도의 은혜와 저를 아는 지식에서 자라가라 영광이 이제와 영원한 날까지 저에게 있을지어다"(벧후 3:18).

믿음과 확신

프러시아의 프레데릭 대왕(1657-1713)은 기독교를 하찮게 생각하는 사람이었다. 그에게는 충성스러운 신하인 본진랜드 장군이 있었는데 그는 성실한 크리스천이었다. 하루는 신하들이 모인 자리에서 대왕이 크리스천들을 야유하기 시작하였다. 장내는 왕의 뜻에 따라 그런 분위기가 되어 가고 있었다. 이때에 엄숙한 표정을 한 본진랜드 장군이 자리에서 일어나 대왕을 바라보며 말했다. "폐하께서는 내가 죽음을 두려워하지 않는다는 것을 잘 아십니다. 그래서 나는 전쟁터에서 대왕을 위하여 서른여덟 번을 싸워 이겼습니다. 저는 이제 나이 많은 늙은 사람이 되었습니다. 저는 머지않아 대왕께서 비웃으시는 나의 구주 그리스도를 만나 뵈러 가게 됩니다. 나이 많아 영원을 바라보는 저는 예수 그리스도가 대왕보다 더욱 위대한 분인 것을 압니다. 폐하, 소신은 이제 물러가려 합니다." 이 말에 장내는 두려움에 휩싸였다. 장군을 처형하라는 추상같은 대왕의 명령이 떨어질 것으로 생각했기 때문이다. 대왕은 떨리는 음성으로 다음과 같이 말했다. "장군, 내가 잘못했소. 나를 용서하시오."

믿음은 확신이다. 그리고 죽음에 대한 두려움을 이기는 것이다. 확신에 찬 삶을 살 수 있는 가장 분명한 근거는 믿음이다. 믿음을 통해 내일에 대한 보장을 확신하기에 죽음도 두려워하지 않는다.

> "이로 말미암아 내가 또 이 고난을 받되 부끄러워하지 아니함은 내가 믿는 자를 내가 알고 또한 내가 의탁한 것을 그 날까지 그가 능히 지키실 줄을 확신함이라" (딤후 1:12).

영원한 본향

제2차 세계 대전 때 헝가리군에서 복무한 안드라스타마스라는 청년은 러시아군과의 싸움에서 포로가 되었다. 그는 22세의 나이에 코넬니치 포로수용소에서 생활하기 시작했다. 전쟁이 끝난 후에 그는 코넬니치에 있는 정신병원에 수용되었고 한 의사의 노력으로 그의 신원이 밝혀지게 되었다. 정신상태가 불안한 그의 과거에 대해 아무도 관심을 가지지 않으나 타마스의 잃어버린 시간을 찾아 주기 위해 헝가리의 저명한 정신과 의사인 안드라스 베르가 정신병원을 방문하여 그의 과거를 확인하였다. 그는 헝가리군 복무 시절에 러시아에 사로잡힌 전쟁 포로로 헝가리의 투로츠센트마르톤이라는 마을에서 태어났으며, 미스콜츠와 니레지하저라는 곳에서도 산 것을 확인했다. 그리하여 그는 55년 만에 유럽의 마지막 포로로 고향으로 돌아갔다.

사람은 누구나 고향을 그리워한다. 시인은 고향을 노래하고 화가는 고향을 그린다. 청록파 시인 중에 한 사람인 조지훈은 "고향 산천은 어떠한 이름난 명승지보다 아름다운 곳이다."라고 말했다. 고향은 언제나 기다려 준다.

그러나 인생이 돌아갈 영원한 고향을 모르는 사람은 가장 불행한 사람이다. 우리가 믿음을 가지면 하나님께서 준비하신 영원한 본향으로 돌아가게 된다. 히브리서 11장 16절에서 심금을 울리는 말씀을 볼 수 있다.

"그들이 이제는 더 나은 본향을 사모하니 곧 하늘에 있는 것이라 이러므로 하나님이 그들의 하나님이라 일컬음 받으심을 부끄러워하지 아니하시고 그들을 위하여 한 성을 예비하셨느니라."

그렇다. 믿음은 우리를 영원한 본향으로 인도한다.

"그러므로 믿음은 들음에서 나며 들음은 그리스도의 말씀으로 말미암았느니라" (롬 10:17).

"여러분이 만일 여러분의 입으로 예수님은 주님이시라고 고백하고, 또 마음으로 하나님께서 그리스도를 죽은 자들 가운데서 다시 살리신 것을 믿으면, 여러분은 구원을 얻을 것입니다" (롬 10:9, 쉬운).

"영생은 오직 한 분이신 참 하나님을 알고, 또 아버지께서 보내신 예수 그리스도를 아는 것입니다" (요 17:3, 새번역).

"그러나 누구든지 그분을 영접하는 사람들,
그분의 이름을 믿는 사람들에게는
하나님의 자녀가 되는 자격을 주셨습니다"

(요 1:12, 쉬운)

10

하나님의 자녀가 된다는 것은 신비로운 일이다

10
하나님의 자녀가 된다는 것은 신비로운 일이다

모든 사람은 가족의 일원으로 살아간다. 행복한 가족을 살펴보면 반드시 좋은 아버지가 있다. 정상적인 아버지라면 자식 사랑하는 마음이 한없이 넓고 관대하다. 능력 있고 사랑이 넘치는 아버지와 함께 사는 자녀는 담대함과 자부심을 가지고 산다. 그런데 하나님은 왜 사람들에게 아버지가 되어 주시는가? 하나님 아버지의 자녀가 되면 어떤 특권이 있을까? 이 특권을 마음껏 누리며 살아가자.

"하나님은 그의 신비에서 나와서 우리를 위하여 우리의 아버지가 되신 분이다." (칼 바르트, 신학자)

"하나님은 정말 좋은 아버지이시다, 그 분이 그 자녀들을 잊으실 수는 없다" (허드슨 테일러, 선교사)

"당신의 선택은 어느 쪽인가? 하루 동안 크고 높은 산의 왕이 되는 것인가? 아니면 영원토록 하나님의 자녀가 되는 것인가?" (맥스 루케이도, 목사)

초등학교 1학년 때 내 옆자리에 앉았던 친구의 아버지는 교육장이었다. 당시 어렵게 살던 때라 먹고 사는 것조차 힘든 시절이었다. 그러나 그 친구는 다른 아이보다 좋은 옷을 입고 다녔다. 간혹 과자를 가지고 와서 나눠주기도 했다. 어느 날 자기 집에 놀러가자고 해서 함께 갔더니 처음 보는 것들이 많이 있었다. 그때 처음 피아노를 보았다. 학교에서 풍금만 보다가 피아노를 보니 신기해서 두드려 보았다. 그렇게 가지고 싶었던 장난감들도 있었다. 어린 마음에 '우리 아버지도 교육장이면 얼마나 좋을까?' 라고 생각했다.

아버지는 자신의 능력 안에서 자녀를 사랑하고 돌본다. 그런데 예수님을 믿으면 하나님의 자녀가 된다. 하나님이 아버지가 되시는 것이다. 그래서 하나님을 마음껏 아버지라고 부른다.

하나님이 어떤 분인가? 예레미야 32장 17절에서 말씀하고 있다.

"주 여호와여 주께서 큰 능력과 펴신 팔로 천지를 지으셨사오니 주에게는 할 수 없는 일이 없으시니이다."

창조주이신 하나님과 인간의 간격은 메울 수 없다. 그런데 하나님을 아버지로 부를 수 있으니 이보다 더 행복한 일은 없을 것이다.

> "너희가 아들이므로 하나님이 그 아들의 영을 우리 마음 가운데
> 보내사 아빠 아버지라 부르게 하셨느니라" (갈 4:6).

피조물이며 죄인인 우리가 감히 하나님을 아버지라고 부르게 되었다. 얼마나 감사하고 황송한 일인가! 하나님의 가족으로 이 세상을 살면 어떤 일이 일어날지 기대해도 좋을 것이다.

만남의 축복

사람은 누구를 만나느냐에 따라 인생의 미래가 결정된다. 좋은 만남은 좋은 결과를 가져다준다.

한 자매가 평소 좋아하던 남자와 결혼을 했다. 이 남자는 직장 안에서 매너 남으로 통했다. 여자들에게 세련된 매너로 소문났다. 여자들의 어려움을 보면 솔선수범해서 도와주었다.

결혼 후 자매는 이 남자에 대한 환상이 깨어지고 말았다. 오히려 남편을 보면 울화가 치민다고 했다. 퇴근하고 집으로 돌아오면 손가락 하나 움직이지 않고 모든 일은 아내에게 시킨다는 것이다. 직원가족들끼리 야외소풍이라도 가면 더더욱 분통이 터진다는 것이다. 함께 먹을 음식을 준비해서 힘들게 들고 가는 아내에게는 관심이 없고, 다른 여직원들의 짐만 들어 주었다. 자매는 속아도 이렇게 속을 수 있는가 하는 생각이 들었다. 자신이 어떻게 저런 남자에게 반했는지 후회하고 자신에게 실망하며 매일 속앓이를 하며 살아간다고 했다.

사람은 만남 속에서 실망할 수도 있고, 기대 이상의 만남으로 기뻐할 수도 있다. 그런데 사람이 하나님을 만나면 어떻게 될까? 예수님을 믿는 것은 바로 하나님과의 만남으로 하나님의 가족, 그것도 자녀가 되는 것이다.

"영접하는 자 곧 그 이름을 믿는 자들에게는 하나님의 자녀가 되는 권세를 주셨으니"라고 요한복음 1장 12절에서 말씀하고 있다.

하나님의 자녀가 누릴 수 있는 특권은 얼마나 될까?

하나님 아버지는 보호자로서 언제나 신실하신 분이다. 단 한 번도 자녀 된 자를 실망시키거나 약속을 어기시지 않는다. 예수님을 믿는 자는 하나님 아버지께서 일하시고 도우실 것을 매일 기대하며 살게 된다. 오늘보다 내일이 더 나은 삶이 믿음의 사람의 삶이다. 믿음을 가진 자는 소망을 가진 자이다. 어떤 경우에도 낙심하거나 포기하지 않는다. 하나님께서 소망을 주시기 때문이다. 믿음의 사람은 언제나 소망의 노래를 부르고 외친다.

"나는 항상 소망을 품고 주를 더욱더욱 찬송하리이다"(시 71:14). "여호와의 말씀이니라 너희를 향한 나의 생각을 내가 아나니 평안이요 재앙이 아니니라 너희에게 미래와 희망을 주는 것이니라"(렘 29:11).

지금까지 절망 속에 살았는가? 더 이상 머뭇거리지 말고 예수님을 믿고 하나님의 자녀가 되라. 그러면 소망의 사람이라는 닉네임을 가지고 살게 될 것이다.

영원한 자녀

아버지와 자녀의 관계는 그 누구도 끊을 수 없다. 자녀가 아무리 부족해도 언제나 자녀인 것이다. 어릴 때 부모로부터 책망이나 매를 맞지 않고 자란 자녀는 없다. 잘못하면 심한 징계가 기다리지만 그 징계는 결국 사랑에서 비롯된 것이다. 자녀가 미워서 때리는 부모는 없기 때문이다.

나의 아버지는 초등학교 교사로 호랑이선생님으로 소문나 있었다.

학생들이 잘못하면 학생의 종아리와 아버지의 종아리를 함께 묶어 놓고 회초리로 때렸다. 나중에는 두 다리 모두 피멍이 들게 되고 학생은 정말 잘못했다며 울면서 용서를 구했다고 한다. 아버지는 한없이 사랑이 많으셨다. 그러나 잘못에 대해서는 너무나 엄하셨다.

한 번은 동생이 집에 있는 돈을 가지고 나가서 먹을 것을 사먹고 온 것이 들켜서 매를 맞고 집 근처의 족제비와 부엉이가 사는 대나무밭으로 쫓겨났다. 두려움에 새파랗게 질린 동생은 한밤중이 되어서야 집으로 들어올 수 있었다. 동생은 그 이후에 다시는 돈을 훔치지 않았.

그렇게 엄한 아버지도 퇴근 시간만 되면 풀빵이나 다른 먹을 것을 사들고 오셨다. 동생들과 나는 아버지의 퇴근을 기다리는 것이 또 하나의 즐거움이었다.

고등학교를 졸업할 무렵 밤에 잠을 자다가 극심한 장경련이 일어나서 고통스러워하고 있는데 윗방에서 주무시던 아버지가 신음 소리를 들으시고 나를 업고 병원으로 뛰기 시작하셨다.

그 당시는 지금처럼 119도 없을 뿐더러 차도 없었다. 밤 12시가 지났기에 통행금지 시간이었지만 경찰서를 지나 거의 1km 정도를 땀을 흘리며 뛰어 가셨다. 무거운 아들을 업고 단숨에 달리시던 아버지의 그 사랑이 지금도 그립다.

이 땅에서 부모와 자녀의 관계는 어떤 경우도 끊을 수 없다. 예수님을 인격적으로 영접하여 하나님의 자녀 된 성도들도 마찬가지이다. 이 땅에서 부모와의 관계도 끊을 수 없는데 하물며 하나님의 자녀가 되었으니 그 관계는 누구도 끊을 수 없는 것이다.

"높음이나 깊음이나 다른 어떤 피조물이라도 우리를 우리 주 그리스도 예수 안에 있는 하나님의 사랑에서 끊을 수 없으리라"(롬 8:39).

아버지와 자녀와의 관계는 누구도 깨뜨릴 수 없는 법적인 관계이기에 예수님을 믿는 자는 이제부터 하나님의 자녀가 된 것에 대해 추호도 의심하지 말고 담대하게 살아가기를 바란다.

사랑의 교제

하나님의 가족이 되었다는 것은 하나님과 교제할 수 있다는 것이다. 하나님 아버지는 이해하고 사랑해 주신다. 허물에 대해서는 안타까움과 사랑으로 해결해주기 위해 노력해 주신다. 자녀의 문제를 보고 그냥 넘어가지 못하신다.

교회의 어느 형제는 대학생인 딸이 기숙사에서 집으로 돌아오는 날이면 늦게 잔다고 한다. 그 이유는 사랑하는 딸이 들려주는 한 주간의 이야기를 듣다보면 시간가는 줄 모르다가 밤늦게 잠자리에 든다는 것이다.

아버지는 자녀의 이야기를 들으며 시간가는 줄 모른다. 이것이 부모의 마음이다. 부모는 자녀와 허물없는 솔직한 교제를 원한다. 어떤 이야기든지 들어주고 공감하고 함께 기뻐하고 함께 아파한다. 그리고 해결자로 나서기를 원한다.

하나님은 믿음으로 자녀 된 자들과 교제하기를 원하신다. 그래서 하나님은 기도의 명령을 많이 하셨다.

"구하라 찾으라 두드리라" "쉬지 말고 기도하라" "무시로 성령 안에서 기도하라"

하나님의 자녀 된 우리는 하나님의 이 마음을 알고 기도로 깊은 교제를 해야 한다.

90평생 맹인으로 살면서 수많은 찬송을 작사했던 크로스비는 '주의 보좌로 나아갈 때에 어찌 아니 기쁠까 주의 얼굴을 항상 뵈오니 더욱 친근합니다.' 라고 찬송하고 있다.

하나님 아버지 앞에서는 부족함이나 약점도 흠이 아니다. 하나님 아버지의 넓은 사랑은 측량할 수 없다. 하나님이 주시는 참된 기쁨은 헤아릴 수 없다. 하나님을 아버지로 모시고 사는 사람이야말로 가장 행복한 삶을 살 수 있는 것이다. 이 세상을 창조하시고 심판하시는 하나님의 자녀로서 하나님께 나아가 교제할 수 있다는 것이 얼마나 큰 영광인가?

선한 자부심

옛날 이탈리아에 베네딕트라는 사람이 있었다. 그는 가죽으로 말안장과 말고삐를 만드는 사람이었다. 어느 날 베네딕트가 일하는 가게 앞을 어떤 사람이 말을 타고 지나가고 있었다. 그런데 말이 갑자기 놀라서 앞발을 들고 몸부림을 치기 시작했다. 말 위에 타고 있던 사람은 떨어지지 않기 위해 필사적으로 말고삐를 붙잡고 있었다. 잠시 후에 말은 제 정신을 찾았다. 이 광경을 본 베네딕트는 자신이 하고 있는 일이 얼마나 중요한가를 알게 되었다. 만약 말고삐나 안장이 끊어졌다면 그 사람은 말에서 떨어져 죽었거나 크게 다쳐 불구자로 살게 되었을지도 모르기 때문이다.

그날 이후 베네딕트는 자신의 일에 대단한 자부심을 느꼈다. 이전까지는 단지 밥벌이를 하기 위해 그 일을 했지만 그 날 이후부터는 다른 사람의 생명과 안전을 지킨다고 생각하니 자부심과 만족감을 가지게 되었다. 자신의 일에 대한 사명감을 가지고 행복과 보람을 느끼며 최고의 명품을 만든다는 자세로 제품을 만들었다. 그 결과 그의 제품은 가장 인정받는 명품이 되었다.

자신에게 주어진 일이 보잘것없어 보여도 그 일에 자부심을 가지고 최선을 다하는 사람이 행복한 사람이며 가치 있는 삶을 산다. 믿음을 가지면 나 자신이 누구인지 비로소 알게 되고 선한 자부심을 가진다. 하나님의 형상을 따라 지음 받은 자인 것을 알게 된다. 창세기 1장 26절에 "하나님이 이르시되 우리의 형상을 따라 우리의 모양대로 우리가 사람을 만들고 그들로 바다의 물고기와 하늘의 새와 가축과 온 땅과 땅에 기는 모든 것을 다스리게 하자 하시고" 라고 말씀하고 있다.

하나님의 형상대로 지음 받은 자임을 알면 사람됨이 바뀐다. 그 사람됨이 바로 거룩하고 선한 자부심이다. 자부심을 가진 자들이 세상을 아름답게 만든다. 하나님의 자녀라는 자부심을 가지면 지위나 신분에 맞게 행동한다. 하나님의 자녀답게 생각하고 행동한다.

성도는 세상의 빛이며 소금이다. 돈이나 명예, 자신의 성공을 위해 수단과 방법을 가리지 않고 사는 자와는 다르다. 이 세상 사람들에게 하나님을 전하는 자답게 손해를 보아도 여유를 가지고 바르게 살고자 한다. 바로 이 자부심이 우리의 가정과 세상을 바꾸는 힘이 되는 것이다.

완벽한 보호자

보호자인 아버지는 자녀의 필요를 채워 준다. 그리고 능력 안에서 아낌없이 공급한다. 자녀를 결혼시키면서 지금까지 들어간 양육비를 요구하는 아버지는 없다. 태어나서부터 장성해서 자립할 때까지 공급해 준다.

이처럼 하나님 아버지는 보호자이시다. 보호자이신 하나님께 끊임없이 요구하고 도움을 청할 수 있는 근거는 바로 하나님께서 아버지이시기 때문이다. 하나님의 자녀 된 우리가 하나님 아버지께 구하는 것은 당연한 것이다. 하나님 아버지는 구하지 않아도 주시지만 구할 때 더욱 적극적으로 주신다. 그리고 인간의 한계 밖의 문제까지 해결해 주신다.

1912년 4월 어느 날 미국의 한 부인이 잠을 이루지 못하고 있었다. 불안과 두려움 때문이었다. 부인은 일어나서 기도하기 시작했다. 지금 배를 타고 미국으로 오고 있는 남편을 위해 정말 간절히 기도했다. 힘든 기도를 마쳤을 때 하나님께서 자신의 기도를 들으셨다는 확신과 함께 마음의 평화가 왔다. 감사의 기도를 하고 새벽 5시경에 잠자리에 들었다. 이 때 남편 그레이시 대령은 침몰하는 타이타닉호 갑판에서 구명보트를 내려 사람들을 구하고 있었다. 서로 살려는 아비규환 속에서 한 명이라도 더 생명을 구하기 위해 필사적인 노력을 하고 있었다. 자신의 생명은 포기하고 아내를 향해 마음속으로 크게 울부짖었다. '사랑하는 아내여 안녕!' 배가 침몰해 가면서 몸은 차가운 물속으로 빠져들었다. 그는 힘껏 헤엄을 쳤다. 그때 그의 옆에 뒤집혀진 구명보트가 떠 있었다. 그는 그 구명보트 위에 올라갔고 구조되었다. 바로 그 시간이 새벽 5시경이었다. 그렇다. 하나님 아버지는 정말 보호자이시다.

아버지 집

갈 집이 없는 사람처럼 처량한 사람은 없다. 그러나 아버지 집이 있는 사람은 걱정할 필요가 없다. 하나님의 자녀는 돌아갈 집이 있다. 이 땅에서의 삶을 마치고 돌아갈 집을 하나님 아버지께서 준비해 주셨기 때문이다. 그 집은 가장 이상적인 처소이며 아름다운 곳이다.

가장 어리석은 사람은 돌아갈 집을 준비하지 못한 사람이다. 역을 출발하면 반드시 종착역이 있다. 종착역을 나서면 새로운 거처가 기다리고 있다. 많은 사람들이 그 거처를 미리 준비하지 못해 죽음 앞에서 당황한다.

수양대군이 단종을 죽이고 왕이 되었을 때 끝까지 단종에 대한 충성심으로 죽어간 여섯 명의 충신을 사육신이라 부른다. 사육신 중에 성삼문이 형장으로 끌려가며 지은 시는 지금도 우리의 심금을 울린다.

"석녘 바람에 해는 지려는데, 북 두드리는 소리는 사람의 목숨을 재촉하는구나, 저승길에는 여관이 없을 터이니 오늘밤 뉘 집에서 자야 하는고"

이 땅에서의 여행을 마치고 돌아갈 때 가야 할 곳을 모른다면 이보다 더한 절망은 없을 것이다. 예수님을 믿기만 하면 예수님은 우리의 마지막 길을 인도하신다. 그리고 우리를 영접해 주실 것이다.

예수님을 믿는 자는 이미 천국에 거처를 준비한 자이다. 지금 이 시간 세상을 떠난다고 해도 아버지 집이 준비되어 있으니 염려할 필요가 없다. 예수님께서 약속하신 요한복음 14장 3-4절에서 이 사실을 알 수 있다.

"가서 너희를 위하여 거처를 예비하면 내가 다시 와서 너희를 내게로 영접하여 나 있는 곳에 너희도 있게 하리라 내가 어디로 가든지 그 길을 너희가 아느니라."

> "그러나 누구든지 그분을 영접하는 사람들, 그분의 이름을 믿는 사람들에게는 하나님의 자녀가 되는 자격을 주셨습니다"(요 1:12, 쉬운).
>
> "여러분이 받은 성령은 여러분을 다시 두려움에 이르게 하는, 노예로 만드는 영이 아니라 여러분을 하나님의 자녀가 되게 하는 영이십니다. 그래서 우리는 그 성령을 의지하여 '아바, 아버지'라고 부를 수 있는 것입니다" (롬 8:15, 쉬운).
>
> "너희가 아들이므로 하나님이 그 아들의 영을 우리 마음 가운데 보내사 아빠 아버지라 부르게 하셨느니라" (갈 4:6).

고귀한 동행 이야기 5

저에게 교회는 참 불편한 곳이었습니다. 어릴 적부터 교회 다녔던 아버지와 오랜 갈등으로 인해 교회를 싫어하게 되었고 교회를 다니는 사람들을 무척이나 싫어했습니다. 길거리에서 전도하는 사람들을 만날 때면 그렇게 좋으면 자기들만 믿고 천국 가면 되지 왜 사람을 붙잡고 얘기하냐며 불만을 가졌습니다.

저는 이삼십 대를 돈돈 하며 돈 버는 일에만 집중했고 매일 소주 한 병은 마셔야 스트레스가 풀린다며 저녁마다 술을 즐기며 돈과 술을 사랑하며 살았습니다. 또 어떤 때에는 무속신앙에 빠져서 매주 마다 알지도 못하는 귀신한테 잘 살게 해달라며 적게는 몇만 원부터 수백만 원까지 지불하며 내 정신이 아닌 채로 살기도 했습니다. 지금 생각하면 어디 가서 말도 못 꺼내는 세상 모든 악한 짓은 다한 것 같고 그러면서도 그렇게 살 수밖에 없다는 나름의 핑계와 상처투성인 젊은 시절의 시간을 원망하며 악만 받쳐서 살았습니다.

그렇게 30대 중반이 될 때까지 하나님을 모르고 죄 속에서 살던 어느 날 병세가 깊어지신 아버지는 저에게 일요일에 일하지 말고 예수님 믿고 교회가라는 유언 같은 말을 남기셨고 그 말씀에 저는 조금씩 교회에 대해 관심을 갖기 시작했습니다.

그러던 중 교회에 다니는 이웃을 알게 되었고, 교회 바자회에 초대되어 교회에 나가게 되었습니다. 그렇게 인도되어 5주간의 새가족반 말씀을 통해서 예수님을 영접하고 하나님의 사랑을 알게 되었고, 구원의 확신을 갖게 되었습니다.

주일예배와 성경공부를 통해서 하나님을 조금씩 배우고 있을 때 쯤 하나님은 결혼생각이 전혀없던 저에게 남편을 만나게 하셨고 늦은 나이에 결혼을 하여 한 가정의 아내가 되었습니다. '늦게 만났으니 서로 양보하고 이해하겠지'라는 결혼생활은 각자가 산 세월만큼이나 성격 차이가 많았고 많이 부딪혔습니다.

하나님을 믿지 않는 남편은 다툼이 있을 때마다 감정을 억제하지 못하고 저에게 상처를 주었고, 이런 남편을 왜 만나게 하셨는지 울면서 하나님을 참 많이 원망하기도 했습니다. 지옥같은 1년의 시간을 보내고 있던 어느 날 남편은 교회에 나오게 되었고 예수님을 영접하였습니다. 그리고 남편도 예배와 말씀을 통해 믿음이 성장해갔고 저희는 다툼의 횟수가 줄어갔습니다.

저는 말씀을 통해 지난 시간 악만 바쳤던 완악한 성격들이 부드럽게 변하게 되었고 상처투성이던 마음이 예수님의 십자가의 사랑으로 고쳐지는 것을 경험했습니다. 그리고 무엇보다 나보다 더 나를 사랑하시는 하나님을 더 깊이 알게 되면서 매일의 삶에 감사하게 되었습니다.

힘든 일이 있을 때 돈을 들고 점집을 가고 내가 해결해 보려고 여기저기 뛰어다니며 잠도 못자고 먹지도 못하고 누군가를 원망하고 살던 제가 예수님을 믿고 있는 지금은 저를 사랑하시는 하나님께 간절히 기도합니다. 그리고 나를 사랑하시고 구원의 은혜를 베풀어주신 하나님을 믿으며 기다립니다. 그러면 정말 마음에 평안이 옵니다. 그리고 그런 힘든 일들이 하나씩 해결되는 것을 경험하게 됩니다. 이런 하나님의 은혜가 얼마나 기쁘고 감사한지 그래서 저희부부는 전도를 합니다. 제가 만나고 경험한 하나님의 사랑과 은혜를 제가 사랑하는 가족과 친구들이 경험했으면 정말 좋겠다는 소원을 갖고 기도합니다.

지금 저의 남편은 눈빛이 착하게 변했습니다. 술과 폭언도 사라졌습니다. 처음에는 자신의 잘못을 아무에게도 말하지 말라던 남편이 이제는 다른 사람들에게 자신이 예전에는 이랬는데 지금은 이렇게 변했다고 이야기합니다. 하나님의 은혜는 제 인생에 기적을 만들어 가고 계십니다. 그리고 지금 제가 이렇게 변화된 모습이 또 하나의 기적입니다.

"내가 주는 물을 마시는 자는 영원히 목마르지 아니하리니
내가 주는 물은 그 속에서 영생하도록 솟아나는 샘물이 되리라"

(요 4:14)

11

내세가 있고 영혼 불멸이 있어야 인생은 비로소 의미가 있다

11

내세가 있고 영혼 불멸이 있어야 인생은 비로소 의미가 있다

모든 사람은 가족의 일원으로 살아간다. 행복한 가족을 살펴보면 반드시 좋은 아버지가 있다. 정상적인 아버지라면 자식 사랑하는 마음이 한없이 넓고 관대하다. 능력 있고 사랑이 넘치는 아버지와 함께 사는 자녀는 담대함과 자부심을 가지고 산다. 그런데 하나님은 왜 사람들에게 아버지가 되어 주시는가? 하나님 아버지의 자녀가 되면 어떤 특권이 있을까? 이 특권을 마음껏 누리며 살아가자.

"내세가 있고 영혼 불멸이 있어야 인생은 비로소 의미가 있다."
(톨스토이)
"내세는 하나님과 함께 있으면서 기뻐하는 곳이다." (C.H. 스펄전)
"죽음은 잠만큼 몸에 필수적이다. 우리는 아침에 원기를 회복하여 일어날 것이다." (벤자민 프랭클린)

여류작가 에밀리 브론테는 1818년 요크셔 목사의 집안에서 태어났다. 아버지와 백모의 손에서 자란 그녀는 잠깐 동안 교사생활을 했다.

히스꽃이 만발한 자연을 즐기며 산책하는 것이 그녀의 기쁨이었고, 집필 활동에도 남다른 재능을 보였다.

그녀가 쓴 시로는 '죄수', '내 영혼은 비겁하지 않노라' 등이 있으며 유일한 소설인 〈폭풍의 언덕〉은 그 당시 사람들의 주목을 받지 못하고 오히려 혹평을 받았다. 그녀는 결혼도 하지 않은 채 1948년 30세의 젊은 나이에 폐결핵으로 세상을 떠나고 말았다. 이후 그녀의 저서인 〈폭풍의 언덕〉은 많은 사람들의 사랑을 받는 베스트셀러가 되었다. 그녀의 짧은 삶은 아쉬움이 남지만 작품으로 후세 사람들로부터 인정을 받고 있다.

만약 이 땅에서의 삶이 전부라면 인생처럼 허무한 것도 없을 것이다. 그러나 내세가 있다. 믿음을 가지고 이 세상에서 창조주 하나님을 주인으로 모시고 산 사람은 비록 짧은 삶을 살았을지라도 이 세상의 아쉬움과 아픔을 채우고도 남음이 있는 내세가 있다.

그래서 믿음의 사람으로 자신의 삶에 최선을 다한 사도바울은 인생의 재판장인 주님께서 자신에게 주실 면류관에 대한 확신으로 기대감에 찬 고백을 하고 있다.

"나는 선한 싸움을 싸우고 나의 달려갈 길을 마치고 믿음을 지켰으니 이제 후로는 나를 위하여 의의 면류관이 예비되었으므로 주 곧 의로우신 재판장이 그 날에 내게 주실 것이며 내게만 아니라 주의 나타나심을 사모하는 모든 자에게도니라" (딤후 4:7-8).

아름다운 퇴장

오래 전에 〈결혼〉이라는 뮤지컬을 보았다. 극작가 이강백(서울예대 극작과)교수가 쓴 내용으로 스토리는 이렇다.

아무것도 가진 것 없는 어떤 남자가 결혼을 하겠다고 자신의 모든 것을 가지고 하인이 딸린 고급 주택을 90분 20초 동안 빌린다. 그 집 고급 응접실에는 세잔의 〈파란 풍경 속의 부부〉라는 대형 그림이 붉고 푸른 색채를 내뿜고 있다. 미모의 한 여자를 만나 청혼을 하고, 자신의 응접실로 초대받은 여자는 이 남자를 저울질한다.

남자는 자신이 부자임을 내세우며 금으로 만든 라이터와 호화 저택에 딸린 정원을 보여 주며 여자의 마음을 사로잡으려고 노력한다. 자신이 입고 있는 옷과 구두, 넥타이, 시계, 반지 모두 빌린 것이다. 그런데 이 모든 것들은 빌린 시간이 달랐다. 신발은 45분, 시계는 60분, 남자는 자기에게 주어진 시간 안에 빌린 것들로 여자의 승낙을 받아내려고 안간힘을 쓴다. 그러나 빌린 구두와 넥타이, 시계와 반지가 차례차례 남자에게서 떠나간다. 이 남자는 빌린 것들이 떠나갈 때 조금만 더 사용하겠다고 애원하고 놓지 않으려고 애쓰지만 결국 모든 것들은 다 떠나가고 팬티 한 장만 남는 알몸이 된다. 급기야 빌린 집에서조차 쫓겨나는 지경에 이르러 남자의 사기행각이 드러나지만 유일하게 남은 남자의 진심을 느낀 여자는 남자의 청혼을 받아들여 결혼하게 된다는 내용이다.

이 남자는 자신이 빌린 것을 돌려 준 후 이런 노래를 부른다.

"내 것은 없어 어느 곳에도/ 있다면 그건 빌린 것일 뿐/ 나의 육신도 또 나의 마음도/ 사는 동안 빌린 것일 뿐/ 이 세상 모든 것은 덤일 뿐."

사람이 이 세상에서 누리는 것은 알고 보면 하나님께서 모든 것을 잠깐 빌려 주신 것이다. 사람은 이 세상에서 주인이신 하나님의 것을 잠시 빌려서 사용하는 것이다. 우리에게 빌려주신 시간은 그렇게 많지 않다. 시편 90편 10절에서 이렇게 말씀한다. "우리의 연수가 칠십이요 강건하면 팔십이라도 그 연수의 자랑은 수고와 슬픔 뿐이요 신속히 가니 우리가 날아가나이다"

생명도, 재물도, 재능도 잠시 빌려 주셨다. 사랑하는 가족도 이 세상 살 동안만 빌려 주신 것이다. 이렇게 사람들은 잠시 빌린 것을 가지고 다른 사람의 마음을 사려고 한다. 그리고 빌린 것을 가지고 또 다른 덤을 얻으려고 한다. 계속해서 덤으로 채우려고 하는 것이다.

사람은 누구나 이 세상을 퇴장하게 된다. 인생의 주인이신 하나님으로부터 이 세상을 퇴장해야 한다는 해고통지를 받게 되어 있다. 퇴장할 때도 이 세상에 올 때처럼 빈손으로 퇴장해야 한다. 퇴장 준비를 해야 하는 이유는 바로 주인에게 결산해야 할 시간이 다가오기 때문이다. 다른 사람은 속일 수 있지만 주인이신 하나님은 속일 수가 없다.

모든 것은 빌린 것이다. 빌린 것을 잘 사용하여 주인이신 하나님께 칭찬 받기 위해서는 이 땅에서의 삶을 잘 마무리하고 이 세상에서 아름다운 퇴장과 함께 하나님이 준비하신 내세에 들어가야 한다.

죽음에 이른 경험

사람은 오래 살기 위해 노력하지만 죽음은 피할 수가 없다. 죽음은 반드시 모든 사람에게 다가온다. 그런데 문제는 많은 사람이 죽음 이후에 대해 소극적이고 방관적인 자세를 가진다는 것이다. 성경은 죽음과 죽음 이후에 대해 자세히 기록하고 있다.

1989년 6월 28일 노르웨이에서는 색다른 회의가 열렸다. 회의의 주제는 '죽음에 이른 경험'으로 일시적으로 죽음을 경험한 자들을 대상으로 한 죽음 이후의 세계에 관한 발표와 연구회의였다.

회의에 참석한 사람들의 공통적인 죽음에 대한 경험을 몇 가지로 요약하면 이런 내용이었다.

① 빈사 상태(거의 죽은 상태)가 아니라 죽은 상태였다는 것이다.
② 어떤 계기로 죽었는데 몸 밖으로 빠져나온 영혼이 일정기간 동안 방안(침실, 병실)에 머물러 있었다는 것이다.
③ 영혼이 빠져 나와서 의사, 간호사, 가족 들이 울고 있는 것을 볼 수 있었다는 것이다.
④ 한참 만에 떠난 영혼이 어떤 터널을 지나서 암흑 속을 빠르게 통과했다는 것이다.
⑤ 터널을 통과하면서 과거를 파노라마처럼 볼 수 있었다는 것이다.
⑥ 어떤 결정적인 순간(빛. 지점. 갈래길)에 머물러서는 "돌아가라" "아직 때가 아니다"라는 명령으로 돌아오게 되었다는 것이다.
⑦ 다시 돌아와 보니 살게 되었다는 것이다.
⑧ 다시 살아난 사람들은 180도 전환된 모습으로 살더라는 것이다.
⑨ 변화된 사람들은 몇 초 사이에 심오한 인격의 변화가 있었다는 것이다.
⑩ 남보다 더 예민하게 되고 남들이 예사로 넘기는 일에 대해서 많은 관심을 보였다는 것이다.

이 회의에서 얻은 결론은 '죽음 이후의 경험은 분명한 사실 즉 객관적인 사실이다.'라는 것을 의심할 수 없다고 했다.

대부분의 사람들은 죽음은 멀리 있는 이야기, 다른 사람 이야기처럼 생각한다. '설마 죽음이 내게도 다가올까?'라고 생각한다. 초상집에 가서도 자신은 죽음과 거리가 멀다고 생각한다. 죽기 직전까지 죽음을 깨닫지 못하는 사람도 있다. 죽음의 준비는 가장 시급히 해야 할 일이다.

영원한 처소

미국 서북부에 있는 콜롬비아강에서 번식하는 연어는 여러 해 동안 고향을 떠나 바닷가에 살다가 7년쯤 지나면 알을 낳기 위해 자기가 태어난 고향으로 돌아간다. 고향으로 돌아온 연어는 색깔이 변하여 많은 알을 낳고 곧 죽어버린다고 한다. 여우는 죽을 때 자기가 살던 언덕 쪽으로 머리를 똑바로 향한다고 한다.

사람도 고향을 그리워한다. 고향에 대한 그리움은 타향살이를 오래한 사람일수록 더욱 간절하다. 돌아갈 집이 없이 거리를 방황하는 사람처럼 불쌍한 사람도 없다. 세계 곳곳에는 전쟁이나 쿠데타 등으로 고향을 떠난 사람들이 많이 있다. 이들을 디아스포라(Diaspora)라고 한다.

어릴 때 작은 강이 있는 마을에 산 적이 있다. 강 건너편 마을과 연결된 다리 아래는 거지들이 많이 살았다. 그들은 아침마다 동네로 들어와 동냥을 해서 살았다. 거의 아침마다 찾아오는 그들에게 어머니는 밥과 콩나물국 또는 시래기국을 주었다. 고개를 숙이고 가는 그들의 모습은 참으로 처량하게 보였다. 씻지 못해 냄새나는 누더기옷을 입고, 시커먼 손은 겨울이면 터져서 피가 얼어붙어 있었다.

이 땅에서도 갈 곳이 없는 사람이 이렇게 불쌍한데, 하물며 죽음 이후에 갈 곳을 모르고 죽어 가는 사람처럼 불쌍한 자는 없을 것이다.

사람이 이 땅에 살면서 가장 돈을 많이 투자할 때는 집을 마련할 때이다. 그런데 죽음 이후에 돌아갈 고향과 영원히 살 집에 대해 무관심하다면 이보다 더 어리석은 일은 없을 것이다. 예수님을 믿으면 영원한 처소를 준비해 두는 가장 안전한 보험에 드는 것이다. 요한복음 14장 1-2절은 이 사실을 확인시켜 주고 있다

"너희는 마음에 근심하지 말라 하나님을 믿으니 또 나를 믿으라 내 아버지 집에 거할 곳이 많도다 그렇지 않으면 너희에게 일렀으리라 내가 너희를 위하여 거처를 예비하러 가노니"

수많은 찬송시를 작사한 아이작 왓츠는 이렇게 고백했다.

"오 하나님 지나간 세월 속에 우리의 도움이셨으며, 오는 시간들을 위한 우리의 소망이시며, 휘몰아치는 폭풍으로부터의 우리의 피난처이시며, 우리의 영원한 본향이시네."

죽음 이후의 비밀

좋은 묘자리를 보고 좋은 수의를 준비해 놓는 것이 죽음을 준비하는 것이 아니다. 사람을 미이라로 만들어 놓는 것도 아니다. 영원히 살 준비를 해야 한다. 사람에게는 영혼이 있다. 사람과 짐승의 차이는 영

혼에 있다. 사람은 영혼이 있기에 죽음 이후를 준비하지만 짐승은 단지 그날그날에 만족할 뿐이다.

다가오는 죽음은 예상할 수도 피할 수도 없다. 죽으면 안 된다고 생각할 그 때에 죽음이 다가온다. 이왕 다가오는 죽음이라면 회피하지 말고 적극적인 자세로 죽음을 맞이해야 한다. 죽음 앞에 굴복하는 자세가 아니라 죽음을 적극적으로 준비해야 한다.

바울은 오히려 죽음을 사모했다. 고린도후서 5장 8절에 보면 "우리가 담대하여 원하는 바는 차라리 몸을 떠나 주와 함께 있는 그것이라"라고 했다. 이 말씀은 죽음은 유익하다는 것이다. 요한계시록 14장 13절에서는 죽음은 복된 것이라고 말씀한다. "또 내가 들으니 하늘에서 음성이 나서 이르되 기록하라 지금 이후로 주 안에서 죽는 자들은 복이 있도다 하시매 성령이 이르시되 그러하다 그들이 수고를 그치고 쉬리니 이는 그들의 행한 일이 따름이라 하시더라"

왜 죽음을 복되다고 하며 죽음을 사모한다고 했는가? 그것은 예수님을 믿으므로 죽음의 비밀, 죽음 이후에 대한 심판의 두려움을 이길 수 있는 열쇠를 받았기 때문이다. 그 열쇠는 바로 예수님이시다.

영원이라는 말에 숨겨진 의미

예수님을 믿으면 죽음의 비밀을 알 수 있고 다가올 죽음 이후의 모든 문제를 해결할 수 있기에 죽음을 두려워하지 않고 오히려 천국을 기대하며 사모하는 마음을 가진다. 그러므로 예수 믿는다는 것은 죽음의 모든 문제를 해결한 것이 된다. 죄의 문제를 해결하므로 죽음의 문제를 해결하고 영원한 안식을 소유하게 된다.

믿음을 가질 때 주님은 우리와 함께 하신다. 이 세상 사는 동안에만 함께 하시는 것이 아니라 우리와 영원히 함께 하신다. 예수님 재림시의 사건을 기록한 데살로니가전서 4장 17절에서 말씀하고 있다.

> "그 후에 우리 살아남은 자들도 그들과 함께 구름 속으로 끌어 올려 공중에서 주를 영접하게 하시리니 그리하여 우리가 항상 주와 함께 있으리라" (살전 4:17).

하나님께서 사람에게만 주신 것이 영원을 사모하는 마음이다. 전도서 3장 11절에서는 이 사실을 말씀하고 있다. "하나님이 모든 것을 지으시되 때를 따라 아름답게 하셨고 또 사람들에게는 영원을 사모하는 마음을 주셨느니라 그러나 하나님이 하시는 일의 시종을 사람으로 측량할 수 없게 하셨도다"

'영원'이라는 말은 '숨겨진'이라는 의미가 있다. 인간은 짐승과 다르게 숨겨진 미래의 비밀인 영원에 대해 알고자 하는 욕구가 있고 그 속에서 평안을 누리고자 하는 마음이 있다. 만약 이 세상만 살다가 끝나는 존재가 인생이라면 '영원'이라는 단어를 이 세상에서 추방해야 한다. 사모해야 한다는 말은 좋아하고 사랑해야 한다는 것이다. 인생에게 영원을 사모하는 마음을 주신 것은 이 세상만이 우리가 살 곳이 아님을 가르쳐 주신 것이다.

사람이 가장 크게 착각하는 것 중에 하나가 이 세상이 끝이라고 생각하며 세상만 보는 것이다. 세상살이가 너무나 바쁘고 고달파서 영원을 생각할 여유가 없다고 생각할지 모른다. 그러나 너무 고달프기 때문에 영원을 생각해야 한다.

예수님께서도 '영원'이라는 단어를 유난히 많이 사용하셨다. 이는 인생이 시한부적인 존재가 아니라 영원한 존재임을 말씀하신 것이다. 예수님께서 말씀하신 영원은 인생이 영원한 존재이며 영원히 살 준비를 미리 하라고 가르치신 것이라고 볼 수 있다. 만약 영원이 없다면 예수님은 우리에게 사기를 치신 것이 될 것이다.

> "내가 주는 물을 마시는 자는 영원히 목마르지 아니하리니 내가 주는 물은 그 속에서 영생하도록 솟아나는 샘물이 되리라"(요 4:14).
> "예수께서 이르시되 나는 생명의 떡이니 내게 오는 자는 결코 주리지 아니할 터이요 나를 믿는 자는 영원히 목마르지 아니하리라"(요 6:35).
> "진실로 진실로 너희에게 이르노니 사람이 내 말을 지키면 영원히 죽음을 보지 아니하리라"(요 8:51).
> "내가 그들에게 영생을 주노니 영원히 멸망하지 아니할 것이요 또 그들을 내 손에서 빼앗을 자가 없느니라"(요 10:28).
> "무릇 살아서 나를 믿는 자는 영원히 죽지 아니하리니 이것을 네가 믿느냐"(요 11:26).

인생은 시한부적인 존재가 아니다. 영원한 존재임을 분명히 믿고 예수님을 믿으므로 하나님이 주시는 영원한 생명을 얻기를 바란다.

말로서 표현할 수 없는 그 곳

어떤 사람이 미국의 뉴멕시코주에 있는 칼스베드 동굴을 처음 방문하면서 아내와 동행했다. 아내는 전에 이 동굴을 다녀간 적이 있었다. 남편은 동굴 가운데 보이는 너무나 아름다운 광경을 보고 감탄을 연발하며 동굴로 들어갔다. 깊이 들어갈수록 더욱 아름다운 광경이 펼쳐졌다. 동굴 내에 왕궁이라는 이름이 붙여진 곳에 도착했을 때는 입을 다물 수가 없었다. 남편이 아내에게 "당신은 왜 이렇게 아름다운 광경에 대해 말해 주지 않았소?" 라고 말하자, 아내는 "나는 도저히 이 아름다움을 말로서 표현할 수가 없었어요."라고 말했다고 한다.

말로서 표현할 수 없는 그곳이 바로 천국이다. 천국은 인간의 표현력으로는 서술하기에 너무나 부족한 곳이다. 이 땅에는 참으로 아름다운 곳이 많다. 이 땅의 아름다움이 이 정도라면 영원히 살 처소인 천국은 얼마나 아름다울까? 천국에 대한 기대감과 확신을 가진 자는 죽음을 흔들림 없이 담대하게 맞이할 수 있다.

영국의 탐험가인 길버트(Humphrey Gilbert 1539-1583)는 북미를 탐험하여 뉴펀들랜드 식민지를 개척한 사람이다. 길버트가 세상에서 마지막 여행을 하게 되었다. 그런데 그가 탄 배가 빙산과 충돌하여 침몰하게 되었다. 그때 길버트는 당황하며 어쩔 줄 몰라 하는 승무원들에게 "두려워 말아라. 천국은 바다에서나 육지에서나 어디에서든지 갈 수 있다." 라고 말하며 침몰해 가는 배 위에서 조용히 성경을 읽고 있었다고 한다.

천국은 예수님을 믿는 자들이 다시 만나는 곳이다. 다시는 이별의 고통이 없는 곳이다. 천국은 아픔도 눈물도 없으며 다시는 사망이 없다. 영원히 사는 곳이다.

믿음을 가진 자는 천국 입장권을 가진 자로 천국에서 다시 만날 것을 소망 삼고 사는 자이다. 이별의 아픔만을 보지 않고 다시 만날 감격을 기대하며 사는 자이다. 그래서 믿음을 가진 자의 마지막은 영광이다. '해피 엔드'인 것이다.

요한계시록은 천국에 대해 가르치고 있다.

> "모든 눈물을 그 눈에서 닦아주시니 다시는 사망이 없고 애통하는 것이나 곡하는 것이나 아픈 것이 다시 있지 아니하리니 처음 것들이 다 지나갔음이러라."(계 21:4).

하늘나라 시민권

과테말라의 수도 과테말라시의 빈민가에서 태어난 호세 안토니오 구티아레스는 여덟 살 때 고아가 되었다. 유일한 혈육인 여동생 엔르라시아와 구걸을 하며 자랐다. 건축가의 꿈을 꾸며 22세 때에 미국으로 밀입국하다가 체포되어 미국 이민국으로 넘겨졌다. 그는 나이 17세라고 속였고 앳된 그의 얼굴 때문에 추방당하는 대신 미성년자 대우를 받아 캘리포니아의 라틴 가정에 입양되었다.

미국에서 고등학교를 졸업하고 곧바로 군대에 입대했다. 미군이 되면 쉽게 미국 시민권을 얻을 수 있었기 때문이다. 하루빨리 미국 시민권을 얻어 사랑하는 여동생 엔르라시아를 미국으로 데려오고 싶었던 것이다. 군 입대 후 이라크와 전쟁이 발발했고 그는 이라크 전선에 배치되었다. 전쟁 발발 3일째 움카스르 항구에서 이라크군이 쏜 총알이 그의 가슴을 관통했고 그는 즉사하고 말았다. 미국 시민권을 얻어서 사랑하는 동생을 미국으로 데려오겠다던 그의 꿈은 물거품처럼 사라지고 말았다. 그런데 미국 정부는 구티아레스 일병에게 미국 시민권을 부여하기로 결정했다.

수많은 사람들이 위장 결혼 등으로 미국 시민권을 얻으려고 한다. 잠깐 동안 사는 세상에서 좀 더 나은 삶을 누리기 위해서 말이다.

하나님께서는 미국 시민권과 비교되지 않는 영원한 하늘나라 시민권이 있음을 알려 주셨다. 하늘나라 시민권을 얻기 위해서는 우리가 노력하거나 희생과 모험을 할 필요가 없다. 이미 그 대가를 예수님께서 십자가에서 다 치르셨기 때문이다. 누구든지 예수님을 믿기만 하면 하늘나라 시민권을 받을 수 있다. 아직도 하늘나라 시민권이 없는가? 당신도 하늘나라 시민권을 받을 수 있는 대상임을 기억하라.

> "그러나 우리의 시민권은 하늘에 있는지라 거기로부터 구원하는 자 곧 예수 그리스도를 기다리노니"(빌 3:20).
>
> "이 때부터 예수께서 비로소 전파하여 이르시되 회개하라 천국이 가까이 왔느니라 하시더라"(마 4:17).
>
> "그러나 우리의 시민권은 하늘에 있습니다. 우리 구주 예수 그리스도께서 하늘로부터 다시 오시는 날을 우리는 기다립니다"(빌 3:20, 쉬운).
>
> "또 나는 하늘에서 들리는 음성을 들었습니다. '이것을 기록하여라. 이제부터 주님을 믿고 주 안에서 죽은 자는 기뻐할 때가 왔다.' 그러자 성령께서도 '그렇다. 그들은 괴로운 수고에서 벗어날 것이다. 이는 그들의 착한 행실이 영원히 남아 있기 때문이다' 하고 말씀하셨습니다"(계 14:13, 쉬운).

12

영접하는 것은
영원한 생명을 얻는 것이다

12

영접하는 것은
영원한 생명을 얻는 것이다

　사랑하는 사람에게 사랑을 고백한 경험이 있는가? 좋은 감정을 가지고 있는 것으로 끝나면 아무런 유익이 없다. 사랑을 고백해야 한다. 하나님과 가족이라는 관계를 맺기 위해서는 먼저 예수님을 향한 신뢰와 사랑의 고백이 있어야 한다. 아직까지 단 한 번도 교회 나가본 적이 없는가? 그래도 괜찮다. 오늘 말씀을 이해하고 예수님을 믿기를 원한다면 지금 이 시간 당신은 하나님의 자녀가 될 수 있다.
　예수님을 믿으라 예수님께서 당신의 죄 문제를 해결해 주실 구원자로 이 땅에 오셔서 십자가에서 죽으시고 다시 살아나신 하나님의 아들이심을 믿으라. 이제 당신의 마음에 예수님을 주인으로 모시면 된다. 지금 바로 마음을 열고 예수님을 당신의 주인으로 모셔 들이라. 지금부터 예수님께서 당신의 삶에 인도자가 되시고 해결자가 되실 것이다. 바로 지금 예수님을 믿으면 된다. 예수님은 오래 전부터 당신의 마음의 문을 두드리고 계셨다.

　"예수님은 우리의 마음문 밖에 서서 자유로이 영접되고 자유로이 은혜 주시기를 원하신다." (내촌감삼)

"예수를 진실로 영접할 때 우리가 하나님의 자녀라는 것을 우리 자신과 다른 사람에게 증거하는 것이 된다." (C.H. 스펄전)
"예수 그리스도를 영접하는 것은 곧 생명을 발견하는 것과 같다." (윌리암 바클레이)

지금까지 우리는 믿음에 관한 여러 가지 내용을 알게 되었다. 만약 아는 것으로 끝낸다면 지금까지 단지 지식을 얻기 위해 투자한 시간이 될 뿐 아무런 유익이 없을 것이다. 중요한 것은 예수님을 믿어야 한다. 이것을 다른 말로 영접이라고 한다. 영접은 예수님을 마음에 주인으로 모셔 들이는 것이다

이 시간 당신도 예수님을 영접하여 하나님의 자녀가 되는 복을 누릴 수 있다. 지금까지 단 한 번도 교회에 나가지 않았더라도 전혀 걱정하지 마라. 지은 죄가 많아서 하나님께서 도무지 받아 주시지 않을 것 같은 생각이 들어도 걱정하지 마라. 우리가 구원 받는 것은 우리의 행위가 아니라 하나님의 은혜이기 때문이다. 당신이 받아야 할 엄청난 죄값을 예수님께서 십자가에서 대신 받으셨음을 믿으면 된다. 마음으로 믿고 입으로 시인하면 된다. 사랑하는 사람이 나의 배우자감이라고 믿어지면 먼저 마음에 결정하고 나는 당신을 사랑하노라고 사랑을 고백하고 시인하면 되는 것처럼 말이다.

성경에서 이렇게 말씀하고 있다.

"사람이 마음으로 믿어 의에 이르고 입으로 시인하여 구원에 이르느니라" (롬 10:10).

사랑하는 사람과 결혼하기 위해서 마음으로 먼저 상대를 받아들이고 고백했던 때를 기억해보라. 이제부터 예수님을 믿는 데 중요한 몇 가지를 잠시 생각해 보도록 하자.

첫 번째, 나 자신이 죄인임을 인정해야 한다.

지금까지 살면서 지은 죄가 얼마나 될지 생각해 본 적이 있는가? 우리는 행동으로만 죄를 짓는 것이 아니라 마음속에 품고 있는 생각과 말로 수많은 죄를 짓고 산다. 하루 세 번만 죄를 지어도 일 년이면 천 번 이상의 죄를 짓는다. 하루 세 번만 죄를 짓는다면 천사같이 착한 사람일 것이다. 하나님 앞에서 의인은 한 사람도 없다.

예레미아 17장 9절에서는 이렇게 말씀하고 있다. "만물보다 거짓되고 심히 부패한 것은 마음이라 누가 능히 이를 알리요마는"

병자가 자신의 병을 인정하지 않으면 의사를 찾지 않는다. 병을 치료하는 첫 번째 길은 자신이 병자인 것을 인정하는 것이다. 이처럼 자신이 죄인임을 인정하는 것이 죄 문제를 해결하는 첫 번째 길임을 알아야 한다.

두 번째, 예수님께서 내 죄 때문에 십자가에서 죽으시고 다시 살아나심을 믿어야 한다.

예수님께서 이 땅에 오신 목적이 바로 죄 문제를 해결해 주시기 위함이다. 마태복음 1장 21절에서 "아들을 낳으리니 이름을 예수라 하라 이는 그가 자기 백성을 그들의 죄에서 구원할 자이심이라 하니라"라고 말씀하고 있다.

예수님은 우리의 죄를 대신 짊어지고 십자가에서 죽으셨다. 예수님의 십자가는 우리가 받아야 할 죄의 대가를 감당하시면서 죄 값이 얼마나 끔직한가를 실제로 보여 주신 것이다. 죄인인 우리가 가야 할 지옥문을 혼자서 고통 가운데 막으신 것이다. 예수님은 십자가에서 "다 이루었다"고 말씀하셨다. "다 이루었다"는 원어는 '테텔레스타이'란 말로 '완불되었다' '빚이 갚아졌다'는 뜻이다. 예수님은 십자가에서 우리가 갚아야 할 죄 값을 대신 다 갚아주신 것이다.

> "예수께서 신 포도주를 받으신 후에 이르시되 다 이루었다 하시고 머리를 숙이니 영혼이 떠나가시니라" (요 19:30).

세 번째, 예수님을 내 인생의 주인으로 마음에 영접하라. 예수님을 믿는 순간 주님은 당신과 함께 하실 것이다.

요한복음 1장 12절에서 "영접하는 자 곧 그 이름을 믿는 자들에게는 하나님의 자녀가 되는 권세를 주셨으니"라고 말씀한다. 마음의 문을 열고 예수님을 마음에 주인으로 모셔 들이는 것이 영접이다. 이는 믿음을 좀 더 구체적으로 표현한 것이다.

이제 마음으로 믿고 입으로 시인하자. 그리고 예수님을 주인으로 모시자. 그러면 주님께서 당신의 주인이 되셔서 영원히 함께 해 주실 것이다. 지금도 예수님은 오래 기다리시며 당신의 마음 문을 두드리고 계신다.

> "볼지어다 내가 문 밖에 서서 두드리노니 누구든지 내 음성을 듣고 문을 열면 내가 그에게로 들어가 그와 더불어 먹고 그는 나와 더불어 먹으리라" (계 3:20).

이제 진실한 마음으로 다음 기도문을 따라서 예수님을 영접하는 기도를 하자.

영접기도

하나님! 저는 죄인입니다. 지금까지 많은 죄를 짓고 살았습니다. 저의 죄를 회개하오니 용서해주세요. 예수님께서 저의 죄 때문에 십자가에서 죽으시고 부활하신 것을 믿습니다. 이 시간 제가 마음의 문을 열고 예수님을 저의 구주와 주님으로 영접합니다. 제 마음에 들어오셔서 저의 구주와 주님이 되어 주세요. 저를 사랑해 주시고 제게 영생을 주셔서 감사합니다. 지금부터 주님의 뜻대로 살겠습니다. 제 삶을 인도해 주세요. 예수님의 이름으로 기도드립니다. 아멘.

축하합니다.

이제 하나님의 자녀가 되었습니다. 하나님께서 당신을 위해 행하실 놀라운 일들을 경험하며 살게 될 것입니다. 가까운 교회로 나가서 인도를 받으십시오. 축복하며 사랑합니다.

"여러분은 마음으로 믿어 의롭다 함을 얻으며, 입으로 고백하여 구원을 얻습니다" (롬 10:10, 쉬운).

"보아라 내가 문 앞에 서서 이렇게 두드리고 있다. 만일 누구든지 내 음성을 듣고 문을 열면, 내가 그에게로 들어가 그와 함께 먹고, 그도 나와 함께 먹을 것이다" (계 3:20, 쉬운).

"내 안에 있어라. 그러면 나도 너희 안에 있겠다. 가지가 포도나무에 붙어 있지 않으면 가지 스스로 열매를 맺을 수 없듯이, 너희도 내 안에 있지 않으면, 스스로는 열매를 맺을 수 없다" (요 15:4, 쉬운).

고귀한 동행 이야기 6

믿음을 갖기 전, 저는 모든 것이 자기 중심적이었고 내가 주인공이며 내가 의인이라는 착각 속에 살았습니다. 이런 저는 세상 무서울 것이 없었고 아쉬운 것이 없다는 자만감으로 가득 차 있었기에, 종교를 가진다는 것은 상상도 하지 못했습니다. 특히 배타적이었던 기독교에 대해 유난히 비방하고 핍박을 하며, 오직 성공출세와 재물을 모으는데 목적을 두고 살았습니다. 주식투자는 물론 로또와 같은 일확천금을 꿈꾸며 아파트를 분양할 때마다 프리미엄이 붙는 곳이라면 철새처럼 옮겨 다녔습니다. 직장에서도 성공출세를 위해 하루 24시간이 부족할 정도로 바쁘게 살았고, 그 결과 동료들보다 진급이 빠르고 포상도 많이 받아 열심히 노력하면 이루지 못 할 것이 없다고 자부했습니다.

그러나 이토록 교만했던 제 인생에 한 순간의 위기가 찾아왔습니다. 경제위기가 찾아 오면서 모아둔 재물은 순식간에 사라져 버렸고 건실했던 회사 또한 워크아웃에 들어가면서 저의 삶은 한 순간에 암흑 같은 삶이 되어버렸습니다. 이때부터 담배와 음주가무는 나의 유일한 위로자이며 스트레스를 푸는 방법이 되었고, 이로 인해 아내와 자녀들과의 관계 또한 멀어지고 짜증내고 화를 내는 횟수도 많아졌습니다.

이 때쯤 아내가 교회에 나가기 시작했는데 나중에야 그 사실을 알게 된 저는 아내에게 온갖 협박과 폭언을 하며 아픈 상처를 주고 눈물을 흘리게 했습니다.

하지만 저는 시간이 지나면서 아내의 변화된 모습과 끈질긴 구애 끝에 가정의 평화를 지킨다는 명분으로 교회에 첫 발을 내딛게 되었습니다.

처음에는 마음이 열리지 않고 교회가 낯설었지만 차츰 말씀이 제 마음에 들어오면서 제가 얼마나 큰 죄인인지 알게 되었고 예수님을 영접하고 하나님의 자녀가 되었습니다.

예수님을 믿고 예배와 성경공부 모임에 참여하면서 말씀을 통해 얻는 기쁨과 감격은 돈으로도 살 수 없고 이 세상 그 무엇과도 바꿀 수 없는 너무나 큰 축복이었습니다. 제 마음에 평안이 찾아오면서 어느 순간부터 저도 모르게 제 입에선 찬송을 흥얼거리고 있었습니다. 매 순간 말씀 중심으로 가득 찬 삶을 통해 많은 짐을 내려놓게 되었고, 한없이 낮아지게 되었습니다. "그런즉 누구든지 그리스도 안에 있으면 새로운 피조물이라 이전 것은 지나갔으니 보라 새것이 되었도다"(고후 5:17)라는 말씀과 같이 더욱 새롭게 거듭날 수 있었습니다.

세상이 변해야 하고 상대방이 변해야 한다고 외쳤던 저는 모든 것이 제 자신이 문제였다는 것을 알게 되었고, 내가 먼저 변해야 한다는 것을 깨닫게 되었습니다. 거침없이 내뱉는 말과 행동으로 교만의 극치였던 저는 말투와 행동까지 겸손해지기 시작했습니다.

가정이 회복되면서 직장에서도 많은 변화가 생겼습니다. 이제는 밤늦게까지 음주가무 없이도 사람들과의 관계가 더욱 좋아졌고, 업무 또한 오히려 이전 보다 성과도 많이 내는 은혜를 받고 있습니다. 지금은 직장이 성공출세의 목적 공간이 아닌 섬김을 통해 하나님의 사랑을 실천하는 기쁨의 현장이 되어가고 있습니다.

무엇보다 집안의 가사를 돕는 일에도 많은 변화가 일어나기 시작했습니다. 언제나 제가 지나간 자리에는 뱀이 허물을 벗듯 양말과 옷들이 흩어져 있었고, 아내가 청소기를 돌릴 때면 쇼파에 앉아 지나갈 때까지 다리만 들고 있었으나, 이제는 스스로 정리정돈하고 직접 청소

하는 습관이 되었습니다. 무엇보다 밤 늦게까지 음주가무를 즐겼던 생활은 사라지고 일찍 귀가하면서 가족과 함께 성경읽기와 기도하는 시간을 갖는 것은 물론, 이젠 제법 음식도 맛있게 하는 가정적인 남편이 되었고 자녀들과 함께 시간이 날 때마다 데이트를 하는 다정한 아빠가 되어가고 있습니다. 또한 명절 때만 찾아 뵈었던 부모님과도 한 달에 한 번씩은 함께 여행을 모시고 다니며 자녀로서의 도리를 다하려 노력하고 있습니다.

　이제 저의 삶의 목적은 세상 속의 성공출세가 아니며 또한 통장 잔고에 재물을 쌓는 삶이 아닙니다. 하나님께서 주신 평안과 행복을 다른 사람과 나누며 세상의 빛과 소금으로 사는 것입니다.

"너는 말씀을 전파하라 때를 얻든지 못 얻든지 항상 힘쓰라
범사에 오래 참음과 가르침으로 경책하며 경계하며 권하라"

(딤후 4:2)

13

성장은 창조의 원리이다

13

성장은 창조의 원리이다

예수님을 믿는 것을 거듭난다고 말한다. 이는 다시 태어난다는 뜻이다. 예수님을 믿는 순간 영적 어린 아이로 새롭게 태어나는 것이다. 이렇게 영적으로 새로 태어난 아이에게 중요한 것은 건강한 성장이다. 어머니가 10개월 동안 뱃속의 자녀를 위해 태교에 노력을 다하는 것으로 모든 것이 끝났다고 생각하지 않는다. 건강하게 잘 자라기를 기대하며 노력한다. 마찬가지로 하나님은 새로 태어난 성도들이 건강하게 자라기를 원하신다. 성장하지 않는 그리스도인은 자신도 안타까울 뿐 아니라 다른 사람과 그가 속한 공동체에 도움을 주지 못한다. 하나님도 안타까워 하신다. 그러므로 반드시 성장에 대한 바람이 있어야 한다. 어떻게 건강하게 성장할 수 있을지 배워 보도록 하자.

"내가 어렸을 때에는 말하는 것이 어린 아이와 같고 깨닫는 것이 어린 아이와 같고 생각하는 것이 어린 아이와 같다가 장성한 사람이 되어서는 어린 아이의 일을 버렸노라" (고전 13:11).

교회

"교회를 우습게 여기는 자는 하나님을 우습게 여기는 것이다."
(존 칼빈)
"교회 없이는 아무도 구원 받을 수 없다." (오리게네스, 초기 기독교 신학자)
"불이 타기 위해 존재하는 것처럼 교회는 전도를 위해 존재한다."
(에밀 부루너, 스위스 신학자)

예수 믿고 난 후 성도가 되면 교회 생활을 하게 된다. 교회를 통해 신앙이 성장해 가는 것이다. 앞으로 다녀야 할 교회에 대해 살펴보도록 하자.

하나님은 자녀에게 믿는 자들의 공동체인 교회를 허락해 주셨다. 하나님은 교회를 세우기 위해 예수님을 십자가에서 피 흘리며 돌아가시게 하셨다. 그래서 교회를 예수님의 몸이라고 한다. 예수님의 몸인 교회에는 믿는 성도들이 있다. 예수 믿는 성도들의 모임이 교회인 것이다. 그러므로 성도들을 그리스도의 몸 된 교회의 지체라고 부른다.

우리는 예수님께서 성도 된 우리를 자신의 몸의 일부로 여길 만큼 지극히 사랑하심을 알고 교회를 사랑해야 한다. 교회를 사랑하는 것은 예수님을 사랑하는 것과 같다.

교회 공동체에 속한 지체가 되면 지체들끼리 하나님 말씀을 통해 격려를 받고, 사랑을 주고 받으며 바른 권면을 받기에 건강하게 성장하게 된다.

성도들을 지체라고 부르는 데는 이유가 있다. 지체는 몸을 위해 존재하기에 몸을 위해 감당해야 할 일을 반드시 행해야 한다. 우리 몸의 눈, 코, 입, 손, 발, 간, 위 등 모든 지체처럼 말이다. 지체는 혼자 존재할 수 없다. 지체가 맡겨진 역할을 잘 감당하는 것은 자신에게 유익이 될 뿐 아니라 다른 지체에게 까지 도움을 주고 몸을 건강하게 한다.

또한 지체는 몸이 죽을 때까지 충성스럽게 몸을 위해, 다른 지체를 위해 섬긴다. 평생 섬기기 위해 존재하는 것이다. 이처럼 섬기는 것이 사랑이다.

교회는 섬기는 사랑의 공동체이다. 그래서 모든 직분은 섬김의 직분이다. 지체 의식을 가지고 섬기고 사랑하는 성도들이 하나님의 교회를 건강한 교회로 세워가게 되는 것이다.

이처럼 교회는 예수님께서 이 땅에서 행하신 사역을 계속 이어가는 믿음의 공동체이다.

교회는 성도들의 거룩한 영향력으로 이 세상을 변화시킨다. 믿지 않는 자들에게 복음을 전할 뿐 아니라 하나님의 자녀로서 하나님이 주시는 사랑을 누리며 살아간다. 하나님께서 주시는 평안, 자유, 기쁨을 누리며 감사하며 살게 된다. 천국을 약속받은 하늘나라 시민으로서 천국에 들어갈 기대감으로 이 땅에서 당당하게 살아가는 것이다.

"여러분은 자신들과 모든 맡겨진 양 떼를 잘 살피고 그들을 잘 돌보십시오. 성령께서 여러분을 감독자로 세우셔서 하나님께서 자기 아들의 피로 사신 교회를 돌보게 하셨습니다"(행 20:28, 쉬운).

"교회는 그의 몸이니 만물 안에서 만물을 충만하게 하시는 이의 충만함이니라"(엡 1:23).

"너희는 그리스도의 몸이요 지체의 각 부분이라"(고전 12:27).

성경

"성경은 살아 있어서 나에게 말한다. 그것은 발이 있어서 나를 쫓아 다닌다. 그것은 손이 있어서 나를 붙잡는다." (마르틴 루터, 종교개혁자)

*성경은 하나님이 인간에게 주신 모든 것을 담고 있다. (존 위클리프, 영국 옥스퍼드대학 교수)

"당신이 암송한 성경구절은 누구에게도 빼앗기지 않는다" (코리 텐 붐, 작가)

요즘 청소년들을 보면 대부분 부모보다 키가 크다. 이는 먹거리가 풍성해서 영양가 있는 것들을 많이 먹기 때문일 것이다. 영적으로 성장하기 위해서 중요한 것이 바로 영의 양식이다. 영의 양식을 먹어야 한다. 영의 양식은 바로 성경이다.

영의 양식을 먹지 않으면 교회를 다닌 연수가 오래되고 직분자일지라도 영적인 성장을 기대할 수 없다. 영의 양식을 먹는다는 것은 성경을 듣고 행하는 것을 말한다. 성경을 오랫동안 듣고도 성장하지 않는다면 행하지 않기 때문이다. 영의 양식인 성경은 하나님의 말씀으로 살아있는 말씀이다. 이는 생명력 있는 말씀이라는 뜻이다. 말씀하시는 하나님께서 살아계신 분이기 때문이다. 생명력이 있는 하나님의 말씀으로 해결하지 못할 문제는 없다. 하나님의 말씀이 삶의 모든 영역을 바꿔 준다. 영혼의 문제와 육체의 문제, 어떤 영역이든지 하나님의 말씀으로 해결하지 못할 문제는 없다.

하나님은 말씀으로 이 세상을 창조하셨다. 하나님의 말씀은 능력이 있다. 하나님의 말씀을 듣고 믿어 하나님의 자녀가 된다. "그러므로 믿음은 들음에서 나며 들음은 그리스도의 말씀으로 말미암았느니라" 로마서 10장 17절 말씀이다.

하나님의 말씀을 듣고 행할 때 하나님의 살아계심을 경험하며 영적으로 성숙한 그리스도인이 될 수 있다. 말씀을 듣고도 행하지 않으면 아무런 유익이 없다.

예수님으로부터 크게 칭찬 받은 로마 군인으로 백부장이라는 직책을 가진 자가 자신의 종이 중풍으로 매우 고통을 받고 있는 것을 보고 예수님께 고쳐 주시기를 청했다. 예수님께서 직접 가셔서 친히 고쳐 주겠다고 하자, 백부장은 주님을 집에 모실만한 자격이 없으니 그저 말씀만 해주셔도 자신의 종이 나을 것이라고 고백했다. 예수님께서 이 말을 듣고 놀라시며 "나는 지금까지 이스라엘에서 이같이 큰 믿음을 가진 사람을 본 적이 없다."고 칭찬하셨다. 백부장이 칭찬받은 이유는 말씀의 권위를 인정했다는 것이다.

백부장은 말씀의 권위와 주님의 권위를 동일시했다. 하나님의 말씀을 사람의 말로 받지 않고 하나님의 말씀으로 믿는 것이 얼마나 대단한 결과를 가져오는지를 알아야 한다. 인생 전반에 변화를 가져 준다. 치료와 회복의 역사가 나타난다.

데살로니가교회는 소문난 교회였다. 그 교회 성도들은 주위 사람들로부터 칭찬을 받았다. 데살로니가교인들은 사도들이 전해주는 말씀을 사람의 말로 듣지 않고 하나님의 말씀으로 받았다. 그들이 말씀을 듣고 행하므로 살아계신 하나님을 경험했다. 그들의 삶은 변했고 세상에서 영향력 있는 사람들로 변해갔다. 그 결과 데살로니가교회 성도들은 세상 사람들로부터 칭찬받았고 데살로니가교회는 소문난 교회가 되었다.

성숙한 그리스도인으로 성장하고 주님으로부터 인정받고 싶다면 데살로니가전서 2장 13절 말씀을 기억해야 할 것이다. "이러므로 우리가 하나님께 끊임없이 감사함은 너희가 우리에게 들은 바 하나님의 말씀을 받을 때에 사람의 말로 받지 아니하고 하나님의 말씀으로 받음이니 진실로 그러하도다 이 말씀이 또한 너희 믿는 자 가운데에서 역사하느니라"

> "모든 성경은 하나님의 감동으로 된 것으로 교훈과 책망과 바르게 함과 의로 교육하기에 유익하니" (딤후 3:16).

기도

"기도는 우리가 할 수 있는 가장 강력한 일이다." (릭 워렌, 목사)
"기도는 우리를 변화시킨다. 그리고 우리가 변화하면 세상도 변화하기 시작한다." (알버트 슈바이처)
"기도는 하늘의 열쇠이다." (토마스 왓슨, 목사)

예수님을 영접하고 거듭난 하나님의 자녀는 필요한 것이 많다. 새로 태어난 아이에게는 너무나 많은 것이 필요하다. 그래서 아이는 부모에게 지속적으로 구한다. 필요를 구할 때 처음에는 울음으로 표현하고 세월이 지나면서 고집을 부리기도 하고 말로, 행동으로 표현한다. 부모는 구하는 자녀의 필요를 채워주기 위해 노력한다.

연약한 우리 인생은 하나님의 도움이 없이는 살 수가 없다. 인생의 모든 문제를 해결해주실 수 있는 하나님께 기도하면 하나님은 우리의 기도를 들어 주신다.

기도는 하나님의 자녀에게 주신 선물이요 특권이다. 예수님을 믿고 하나님의 자녀가 되었음에도 하나님께 구하지 않는다면 이는 참으로 어리석다고 할 수 있다.

성경에 나오는 위대한 믿음의 사람들의 공통점이 있다. 이들은 하나님과 단 둘만의 시간을 자주 가졌다는 것이다. 이를 통해 하나님을 더 깊이 알아갔다. 모세는 수백만 명을 이끄는 지도자였지만 하나님과 대면하여 친구처럼 교제했다.

> "사람이 자기의 친구와 이야기함 같이 여호와께서는 모세와 대면하여 말씀하시며 모세는 진으로 돌아오나 눈의 아들 젊은 수종자 여호수아는 회막을 떠나지 아니하니라" (출 33:11).

다니엘은 대 제국의 총리였지만 하루 세 번씩 무릎을 꿇고 하나님께 기도했다.(단 6:10)

믿음의 사람들은 기도의 중요성을 알았기에 하나님과 단 둘만의 시간은 누구에게도 빼앗기지 않았다. 오스왈드 샌더슨은 이런 말을 했다.

"누구나 하나님께 가까이 나아가기를 원하지만 마음에 원한다고 누구나 하나님께 가까이 가는 것은 아니다. 하나님께 가까이 가기를 원하는 마음과 함께 실제로 행동에 옮길 때 하나님께 가까이 나아갈 수 있다."

하나님께 기도하는 시간을 가지도록 힘써야 한다. 하나님은 구하는 것을 좋아하신다. 자신의 아들 예수님의 생명까지 주신 분인데 적극적으로 구하는 자에게 어찌 좋은 것으로 주시지 않겠는가?

> "너희가 악한 자라도 좋은 것으로 자식에게 줄 줄 알거든 하물며 하늘에 계신 너희 아버지께서 구하는 자에게 좋은 것으로 주시지 않겠느냐"(마 7:11).

예배

"하나님을 예배한다는 것은 그분이 우리를 창조하신 목적을 인식하는 것이다."(허버트 가슨, 저자)
"예배드리기 시작할 때 비로소 성장한다."(캘빈 쿨리지, 美 대통령)
"예배는 보는 것도 아니요 구경하는 것도 아니요 하나님께 몸과 마음과 뜻을 다해 전부를 드리는 것이다."(정성구)

하나님의 자녀 된 성도들이 모여서 하나님께 예배드리는 것을 하나님은 기뻐하신다.

예배드릴 때 성도들은 자신의 몸이 제물임을 알아야 한다. 구약시대에 제사를 드릴 때 모든 제물은 죽여서 하나님께 드렸다. 이처럼 예배드릴 때 자신은 죽어지고 오직 하나님께 감사와 영광을 돌려드려야 한다. 예배드릴 때 온전히 하나님께 집중하지 못하는 것은 아직도 자신이 제물임을 모르기 때문이다.

성도에게 주신 가장 큰 특권은 하나님께 예배를 드리며 살 수 있다는 것이다. 하나님은 우리가 마음과 정성을 다해 드리는 예배를 기뻐 받으신다. 예배는 하나님을 향한 사랑의 표현이라고 할 수 있다.

어떤 사람들은 하나님을 잘 안다고 말한다. 교회에 수십 년을 다녔기에 성경의 내용을 잘 알고 있다고 말한다. 그러나 하나님을 아는 것은 하나님과 친밀한 관계를 갖는 것이다. 진정으로 드리는 예배를 통해 하나님과의 친밀함을 누리는 것이다.

그런데 단지 예배에 참석하는 것만으로 하나님과 친밀해질 수 없다. 중요한 것은 예배의 자세이다. 만남에는 흔적이 있듯이 하나님께서 예배드리는 자에게 흔적을 남겨 주기를 원하신다. 우리의 기도를 통해 흔적을 남겨 주시고, 찬양을 통해, 설교를 통해 흔적을 남겨 주신다. 예배를 사모하는 자세를 가지고 진정으로 예배드리는 자에게 하나님께서 확실한 흔적을 남겨 주실 것이다.

예배는 하나님께 나아가는 것이다. 신대륙에 첫발을 내디딘 청교도들은 예배를 통해 축복이라는 흔적을 얻었다. 예수님을 만난 수많은 사람들은 예수님께서 남겨주신 흔적을 보고 좋아했다. 삭개오는 예수님을 만나고 새 사람이 되었다. 친구들의 도움으로 지붕의 기와를 뜯고 예수님 앞에 나온 중풍병자는 예수님의 치료를 통해 들것을 들고 걸어 나갔다. 38년 된 병자가 예수님을 만나서 치료를 받았다. 예배를 통해 문제를 해결 받고 내면의 상처를 치료 받는다. 가정이 회복된다. 내면과 육체의 병이 치료되기도 한다.

예배의 흔적을 얻은 믿음의 사람들의 공통점은 간절함이었다. 예수님께 나아간 자들은 출신과 배경은 달랐지만 한 가지 공통점이 바로 사모하는 간절함이 있었다는 것이다.

예배는 감사로 드려야 한다. 하나님께서는 감사의 예배를 좋아하신다. 시편 50편 23절에서 말씀하고 있다. "감사로 제사를 드리는 자가 나를 영화롭게 하나니 그의 행위를 옳게 하는 자에게 내가 하나님의 구원을 보이리라"

도무지 용서받을 수 없는 우리를 예수님을 통해 구원해 주시고 하나님의 자녀 삼아 주신 것 하나만으로도 감사가 차고 넘칠 수밖에 없다.

우리가 마음과 정성을 다해 최고의 예배를 드리면 삶 속에서 복된 흔적을 누리며 살게 된다. 예배의 흔적이 삶에서 나타나는 것이다. 그러므로 예배를 사모하여 삶에 많은 흔적을 누렸다고 고백해야 한다.

"하나님 저는 예배 때마다 하나님께서 저를 향해 일해 주신 흔적이 있습니다. 사랑의 흔적이 있습니다. 저는 그 흔적을 보며 살았습니다. 말씀으로 위로해 주셨고 치료해 주셨습니다. 제 마음이 아플 때 제 기도를 통해 저의 아픈 부위를 치료해 주셨습니다. 하나님 제게 흔적을 주셔서 감사합니다."

> "그러므로 성도 여러분, 나는 하나님의 자비로써 여러분에게 권합니다. 여러분의 몸을 하나님을 기쁘시게 하는 거룩한 살아 있는 제물로 드리십시오. 이것이야말로 여러분이 마땅히 드려야 할 영적인 예배입니다" (롬 12:1, 쉬운).

주일

> "주일은 우리의 영혼을 쉬게 하고 새로운 에너지를 충전하는 시간이다." (미상)

"주일은 다른 모든 날들의 머리이자 여왕이다."(조지 허버트, 시인)
"나는 주일이 없었다면 미쳐버렸을 것이다."(윈스턴 처칠)

예수 믿는 성도들은 주일을 지킨다. 주일의 의미는 구약의 안식일에서 찾아 볼 수 있다. 하나님께서 모든 것을 창조하신 후에 안식일을 제정하셨다. 안식일을 제정하신 후에 안식일을 지킬 것을 강조하셨다. 십계명에서도 네번 째 계명으로 안식일을 지키라고 출애굽기 20장 8절에서 말씀하셨다. "안식일을 기억하여 거룩하게 지키라" 안식일을 지키는 것을 하나님께서 얼마나 중요하게 여기시는가를 알 수 있다.

구약 시대에 지키던 안식일을 예수님께서 부활하신 후부터 주일로 지키고 있다. 주일은 예수님께서 부활하신 날이다. 주일을 지킬 때 안식일을 통해 우리에게 주신 말씀의 의미를 마음에 새기며 지켜야 한다. 안식일의 의미를 통해 주일을 어떻게 지켜야 할 것인지를 알 수 있다. 주일을 통해 하나님과 교제하며, 지난 6일 동안 지켜 주신 하나님께 감사의 예배를 드려야 한다.

하나님은 안식일을 통해 복을 주고자 하셨다. 창세기 2장 3절에 보면 안식일을 복되게 하시고 구별하셨다고 말씀하고 있다. "하나님이 그 일곱째 날을 복되게 하사 거룩하게 하셨으니 이는 하나님이 그 창조하시며 만드시던 모든 일을 마치시고 그 날에 안식하셨음이니라"

이는 안식일 제도가 사람에게 복된 제도임을 말씀하는 것이다. 그러므로 성도들은 주일에 대한 기대감을 가지고 주일을 지키는 것을 즐거워해야 한다.

이스라엘 백성들이 광야생활 중에 하나님께서 주신 양식인 만나를 얻기 위해 매일 들로 나갔다. 그러나 안식일 전날에는 이틀 분을 거두라고 하셨다. 그런데 안식일 전날에 거둔 만나는 다음날 아침까지 썩은 것이 하나도 없었고 벌레 먹은 것도 없었다. 요즘처럼 냉장고도 없는 뜨거운 광야에서 거둘 때와 똑같은 신선함을 유지한 것은 신비한 일이었을 것이다. 이는 하나님께서 양식의 공급자요 재물의 공급자이심을 알려 주신 것이라고 할 수 있다. 먹고 살기 위해 안식일에도 일해야 할 것 같은데 하나님은 쉬라고 하신 것이다. 이는 하나님께서는 주일에 쉬고 6일 일해도 7일 일한 만큼 주시겠다고 약속하신 것이다.

그런데 사람들 중에는 안식일에도 만나를 얻으러 들로 나가는 사람이 있었다. 그러나 아무 것도 얻지 못했다. 이는 주일에 일한 것은 진정한 수입이 아니라는 것을 의미한다고 할 수 있다. 주일에 먹고 살기 위해 일하는 것은 헛수고임을 알려 주신 것이다.

주일을 지키는 것은 재물의 공급자가 하나님이심을 인정하는 것이다. 출애굽기 16장 26절에서 이렇게 말씀하고 있다. "엿새 동안은 너희가 그것을 거두되 일곱째 날은 안식일인즉 그 날에는 없으리라 하였으나" 주일에 쉬고 하나님께 예배드리는 것은 하나님이 생명의 주인이시며 공급자임을 인정하는 것이다.

또한 하나님은 안식일을 통해 안식을 주셨다. 안식일에는 들로 나가도 수입이 없으니 쉬라고 하신다. 사람이 쉬지 않고 계속 일을 하면 어떻게 될까? 지치고 결국에는 병이 날 것이다. 하나님은 쉼을 통해 새로운 충전의 시간을 가지기를 원하신다. 출애굽기 16장 26절에서 말씀하고 있다. "모세가 그들에게 이르되 여호와께서 이같이 말씀하셨느니라 내일은 휴일이니 여호와께 거룩한 안식일이라 너희가 구울 것은 굽고 삶을 것은 삶고 그 나머지는 다 너희를 위하여 아침까지 간수하라"

프랑스 혁명은 무신론 혁명이다. 혁명이 끝난 후 혁명 주체세력들이 사람들의 노동일수를 조정했다. 일을 많이 해서 낙후된 산업을 발전시키기 위함이었다. 7일 만에 쉬던 것을 10일 만에 쉬도록 했다. 그러나 10일제를 시행한 후 40%의 손실을 보고서 다시 7일 휴무제로 바꾸었다고 한다. 영국의 로얄 아카데미에서 사람이 일을 하다가 며칠에 한 번 쉬는 것이 좋은가를 연구해서 그 결과를 발표했다. 그 결과는 "7일 만에 쉬는 것이 가장 이상적이다" 라는 것이었다.

일본 북해도 농대는 일본의 농업발전에 크게 기여한 학교라고 한다. 북해도 농대를 다녔던 내촌감삼과 친구 여섯 명이 주일 성수를 잘했는데, 졸업할 때 그들 7명이 1등에서부터 7등까지 모두 차지했다고 한다. 그들은 4년 동안 다른 학생들보다 200일 이상은 공부하지 않았지만 가장 좋은 성적을 얻었던 것이다.

이런 결과는 오늘날에도 많은 그리스도인들이 간증을 하고 있다. 죠셉 쿡이란 분은 이렇게 말했다. "내가 세계에서 자유국가의 지도를 볼 때, 스위스, 영국, 미국 등 주일을 잘 지키는 나라들이 안정된 민주 정부국가를 세운 것이 우연이 아닌 것처럼 보인다."

하나님은 안식일을 통해 영원한 안식이 있음을 미리 알려 주셨다. 믿음의 사람들에게는 영원한 안식이 보장되어 있다. 천국은 영원한 쉼의 장소이다. 그곳은 아픔도 없고, 이별도 없다. 하나님께서 영원한 안식을 누릴 천국을 소망 삼고 살도록 해 주셨다.

영원한 안식처 천국에 대해 요한 계시록 21장 4절에서 이렇게 말씀하고 있다. "모든 눈물을 그 눈에서 닦아 주시니 다시는 사망이 없고 애통하는 것이나 곡하는 것이나 아픈 것이 다시 있지 아니하리니 처음 것들이 다 지나갔음이러라"

찬송 43장 〈즐겁게 안식할〉 가사는 이렇게 기록되어 있다.

"이 주일 지킴으로 새 은혜 입어서 영원히 쉬는 곳에 다 올라 갑시다."

이처럼 안식일은 모든 성도에게 복된 날이다. 구약시대에는 주일을 지키지 않으면 하나님께서 즉시 벌하셨다. 그러나 오늘날은 하나님의 은혜로 죽거나 즉시 벌을 받지는 않지만, 주님이 주실 복을 생각하며 더 적극적으로 사모하며 지켜야 한다. 주일을 지킬 때마다 주님께서 우리에게 베푸신 십자가 사랑과 부활을 생각하며 감사의 마음으로 정성을 다해야 할 것이다.

"하나님이 그 일곱째 날을 복되게 하사 거룩하게 하셨으니 이는 하나님이 그 창조하시며 만드시던 모든 일을 마치시고 그 날에 안식하셨음이니라" (창 2:3).

전도

"전도는 단지 교회의 선택 사항이 아니라 교회의 존재 이유이다." (빌리 그래함, 목사)
"복음은 마치 불과 같아서 타오르거나 꺼지거나 둘 중에 하나다." (존 스토트, 신학자)
"전도는 죽어가는 영혼들에게 생명의 소식을 전하는 것이다." (피터 와그너, 풀러 신학교 교수)

예수님께서 인간의 몸을 입고 이 땅에 오셔서 생명까지 주신 목적이 바로 영혼 구원이다. 그러므로 성도에게 가장 시급하고 중요한 일은 전도이다. 전도는 성도의 사명이며 특권인 것이다.

전도를 통해 한 영혼 한 영혼을 인도하다보면 예수님께서 생명을 대속물로 주시면서까지 구원하신 천하보다 귀한 영혼이라는 것을 깨닫게 된다. 우리가 전도해야 할 이웃이 예수님께서 생명을 주시면서까지 구원하기를 원하시는 자임을 알면 이웃을 네 몸처럼 사랑하라는 말씀이 조금씩 이해되기 시작하고 실천하게 된다.

전도를 하다보면 놀랄 정도로 하나님의 도우심을 경험할 수 있다. 단지 전도하고자 하는 마음을 가졌을 뿐인데 전혀 생각지 않은 사람을 만나기도 하고, 전혀 믿지 않을 것 같은 사람이 복음을 듣고 예수님을 영접하기도 한다.

전도하면 하나님의 사랑을 깨닫게 되고 그 사랑을 주는 자로 바뀌게 된다. 사랑을 입술로 외치고 이론으로 배우는 것은 한계가 있다. 전도를 통해 영혼을 위해 눈물 흘리며 안타까워하고 불쌍히 여기는 마음이 일어나므로 주님의 마음을 조금씩 배워가게 되는 것이다.

전도는 말로만 하는 것이 아니다. 전도하며 가져야 할 자세는 섬김이다. 이 땅에 죄인을 구원하기 위해 오신 예수님은 섬기기 위해 오셨다. 예수님의 섬김은 자신의 생명까지 대속물로 주신 철저한 희생이요 사랑이다. 자신을 위해 소유하거나 누리지 않으시고 줄 수 있는 모든 것을 다 주셨다.

전도를 받고 교회에 나온 많은 사람들이 한결같이 하는 말이 있다. 섬겨 주는 것에 감동 받아 교회에 나왔다는 것이다. 그리고 그들이 복음을 듣고 예수님을 영접하여 하나님의 자녀가 되는 복을 누리는 것이다.

전도하는 사람은 이웃을 위해, 전도 대상자를 위해 기도한다. 전도 대상자의 아픔과 문제까지도 하나님께 기도하기에 사랑의 마음을 가지게 된다. 하나님은 영혼구원을 위한 전도자의 기도를 기뻐하시고 기도를 들으시고 응답해주신다.

또한 전도하면 인내심도 배운다. 기다려주고, 참아주고, 들어주면서 인내하게 된다. 전도하면 자신도 모르게 인격적으로 영적으로 성숙해져 가는 것이다.

한 사람을 전도하면 그 한 사람이 또 그 가족과 이웃에게 복음을 전하게 되고 계속해서 구원의 역사가 일어난다. 많은 사람을 옳은 길로 인도한 사람은 별과 같이 영원히 빛나게 된다.

"지혜 있는 자는 궁창의 빛과 같이 빛날 것이요 많은 사람을 옳은 데로 돌아오게 한 자는 별과 같이 영원토록 빛나리라"(단 12:3).
"너는 말씀을 전파하라 때를 얻든지 못 얻든지 항상 힘쓰라 범사에 오래 참음과 가르침으로 경책하며 경계하며 권하라"(딤후 4:2).

MEETING, A NOBLE COMPANIONSHIP

"여호와는 나의 목자시니 내게 부족함이 없으리로다 그가 나를
푸른 초장에 누이시며 쉴 만한 물 가로 인도하시는도다"
(시 23:1-2).